U0933463

珍藏本
纪念版

汉译世界学术名著丛书

斐洞篇

〔古希腊〕柏拉图 著

王太庆 译

商务印书馆
SINCE 1897 The Commercial Press
2017年·北京

ΠΛΑΤΩΝ

ΦΑΙΔΩΝ

根据 *Platonis Opera*(Scriptorum Classicorum Bibliotheca Oxoniensis),
ed. by John Burnet,The Clarendon Press,1984 年版译出

汉译世界学术名著丛书
（120年纪念版·珍藏本）
出 版 说 明

2017年2月11日，商务印书馆迎来120岁的生日。120年前，商务印书馆前贤怀揣文化救国的理想，抱持“昌明教育，开启民智”的使命，立足本土，放眼寰宇，以出版为津梁，沟通中西，为中国、为世界提供最富智慧的思想文化成果。无论世事白云苍狗，潮流左右激荡，甚至战火硝烟弥漫，始终践行学术报国之志，无改初心。

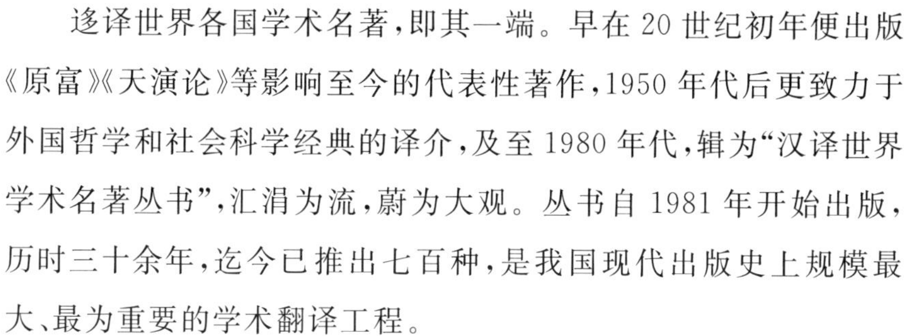

逐译世界各国学术名著，即其一端。早在20世纪初年便出版《原富》《天演论》等影响至今的代表性著作，1950年代后更致力于外国哲学和社会科学经典的译介，及至1980年代，辑为“汉译世界学术名著丛书”，汇涓为流，蔚为大观。丛书自1981年开始出版，历时三十余年，迄今已推出七百种，是我国现代出版史上规模最大、最为重要的学术翻译工程。

丛书所选之书，立场观点不囿于一派，学科领域不限于一门，皆为文明开启以来，各时代、各国家、各民族的思想与文化精粹，代表着人类已经到达过的精神境界。丛书系统译介世界学术经典，引领时代思想，为本土原创学术的发展提供丰富的文化滋养，为推动中国现代学术和现代化进程做出了突出的贡献。

为纪念商务印书馆成立120周年，我们整体推出“汉译世界学术名著丛书”120年纪念版的珍藏本，寄望既利于文化积累，又便于研读查考，同时向长期支持丛书出版的译者、编者和读者致以敬意。

两甲子后的今天，商务印书馆又站在了一个新的历史时间节点上。我们不仅要铭记先辈的身影和足迹，更须让我们的步伐充满新的时代精神。这是商务人代代相传的事业，更是与国家和民族的命运始终紧密相连的事业。我们责无旁贷，必须做好我们这代人的传承与创造，让我们的努力和成果不仅凝聚成民族文化的记忆，还能成为后来人可以接续的事业。唯此，才能不负前贤，无愧来者。

商务印书馆编辑部

2017年10月

裴洞篇

（或《论灵魂》，伦理的）[①]

① 公元1世纪柏拉图学派的 Θρασύλος 编订柏拉图文集时所加的副题。——译注。本书凡未特别注明者，皆为译注。

谈话人:艾克格拉底、裴洞

St. I

艾克格拉底[①]:裴洞呵,苏格拉底在狱中服毒那一天的情况, 57A
你是亲自在场见到的,还是听什么人说的?

裴洞[②]:是我亲眼所见,艾克格拉底。

艾克格拉底:那他临终前说了些什么,是怎样命终的?我很想
知道这些。这些天我们甫留[③]根本没人到雅典去,也好久没有客 B
人从雅典来,能给我们一些关于这方面的确切消息。我们只知道他饮毒服刑,此外别无所闻。

裴洞:你们也不知道那个案子是怎么审判的吗? 58A

艾克格拉底:是啊,有人跟我们说起过,我们不知道为什么案子判了好些时候才处决,觉得不能理解。这是怎么一回事呢,裴洞啊?

裴洞:那是出于偶然,艾克格拉底。恰好在审判的前一天,雅典人派往岱洛进香的船挂上了花环。[④]

艾克格拉底:那是什么船呢?

裴洞:据雅典说,当年特叟[⑤]带领十四个青年男女到克里特
去,就是乘的这条船,它救了他们,也救了他。据说雅典人向阿波
隆[⑥]发下誓,如果这些人得救,他们就要每年派人到岱洛进香。从 B

---

① 'Εχεκράτης,毕泰戈拉派分子,甫留人。

② Φαίδων,苏格拉底的学生,爱利亚学派创立人。

③ Φλιους,地在伯罗奔尼撒,为一口岸。

④ 船尾悬花环以示进香。

⑤ Θησεύς,雅典英雄。

⑥ Απόλλων,太阳神,司智慧。

那时起，直到现在，他们每年派人向神还愿。他们立下法律，在香期开始以后，城邦必须清净，不得将任何人处决，直到进香船从岱洛返航安抵本邦为止。偶遇逆风阻航，香期即需多日。香期开始
C 之日，即阿波隆的祭师为香船船尾悬挂花环之时，这种仪式我说过已在审判的前一天举行了。就是因为这个缘故，苏格拉底于判决后处决前在狱中度过了一段颇长的时间。

艾克格拉底：他死时的实际情况如何，裴洞？说了什么话，做了什么事？他的哪些朋友当时在场？官方没有禁止他们前来，让他一人命终，并无朋辈相送吗？

裴洞：没有。有些人来了，实际上很多。

D **艾克格拉底**：我希望你不吝赐教，把情况尽量详细地谈一谈，只要你不太忙。

裴洞：我不忙，很愿意跟你说一说。我最喜欢回忆苏格拉底，不管是自己谈，还是听别人说。

艾克格拉底：很好，裴洞，你会发现听你讲的人都跟你想法一样。你尽管仔细地给我们讲吧。

E **裴洞**：拿我来说，当时觉得很特别。我并不感到面对至友临终时的那种悲恸欲绝，因为这人显得非常幸福，艾克格拉底啊，他言谈举止都很安详，是很从容、很高尚地辞世的。因此我以为他之走向另一世界也是出于神意，他到了那里的时候会非常之好，有若天
59A 人。所以我并不感觉悲痛，不像人们临丧时自然流露的那样，同时我也不感到通常进行哲学讨论时的那种快乐，不像谈到哲学那样欣喜若狂。有一种非常奇特的感觉笼罩着我，感到既乐又苦，因为心中想到我的朋友行将逝世了。我们这些在场的人都有同样的感

受，时而欢笑，时而悲泣，特别是我们中间的那位阿波罗多若[1]，你
是知道他的为人的。 B

艾克格拉底：当然知道。

裴洞：他几乎不能自制，我和其他的人都非常激动。

艾克格拉底：是哪些人在场呢，裴洞？

裴洞：雅典本地人有这位阿波罗多若，还有格黎多步洛[2]和他父亲，还有赫尔谟根尼[3]、艾比根尼[4]、爱斯钦[5]和安底斯滕[6]，格底西波[7]这位巴央[8]人也来了，还有梅内格森[9]和一些别的本地人。我想柏拉图是病了。

艾克格拉底：还有外地人吧？ C

裴洞：还有特倍[10]的辛弥亚[11]，以及格贝[12]和裴洞尼德[13]，以及梅伽拉[14]的欧格雷德[15]和德尔普雄[16]。

① 'Απλλόδωρος.

② Κριτόβουλος.

③ 'Ερμογένης.

④ 'Επιγένης.

⑤ Αἰσχίνης.

⑥ 'Αντισθένης.

⑦ Κτήσιππος.

⑧ Παιᾶν.

⑨ Μευέζενος.

⑩ Θήβη.

⑪ Σιμμίας.

⑫ κέβης.

⑬ Παιδωνίδης.

⑭ Μέγαρα.

⑮ Εὐκλείδης.

⑯ Τερψίων.

艾克格拉底:怎么?阿里斯底波[①]和格雷翁步若多[②]不在场吗?

裴洞:不在。据说他们在艾及尼[③]。

艾克格拉底:还有什么别人吗?

裴洞:我想总共就是这些人了。

艾克格拉底:那么,话是怎么谈的呢?

D **裴洞**:我要从头到尾给你全部说清。这些天我们这些人总是来看苏格拉底。我们经常于拂晓在那举行审判的法庭里见面,因为那里离监狱很近;我们每天都要等一会儿,彼此谈几句,直到监狱开门;门一开我们就走进去看苏格拉底,在那里同他一起消磨一整天光景。那一天我们来得比平常早一些,因为前一天傍晚我们
E 从监狱回来的时候听说从岱洛回来的船已经到了。因此我们相约次日清晨尽可能早来到这个地方。我们来了,那守门的狱卒,像平常一样让我们进了狱门,却不许进入狱室,要等待他叫进去才进去。他说:"典狱官正在给苏格拉底松绑,告诉他今天处决。"过了
60A 一会儿他来告诉我们可以进去。我们走进狱室,看到苏格拉底已经解去捆绑的法绳,克桑替贝[④](这人你们是知道的)怀里抱着小儿子,坐在他旁边。克桑替贝一见到我们就号啕大哭,用妇女常用的腔调说:"苏格拉底啊,你可以跟朋友谈话的最后一回到了。"苏格拉底看了格黎东一眼,跟他说:"格黎东啊,让人送她回家吧。"几个跟随格黎东的人把她搀扶出去了,她哭得死去活来。苏格拉底

---

① ’Αρίστιππος.

② Κλέομβροτος.

③ Αἰγίνη.

④ Χανθίππη,苏格拉底的妻子。

则在床上坐起来，把腿扳弯，用手摩擦着，边擦边说：“多么奇怪啊， B
朋友们，我们通常称为快乐的这种感觉真怪！它跟它的反面痛苦
不可思议地联结在一起。这两种感觉绝不会同时来到一个人身
上，可是这人如果追求其中之一，并且抓住了它，就会不由自主地
获得了它的反面，好像二者联在一起似的。如果艾索波[①]想到它 C
们的话，他会编出一个寓言说，它们老是打架，神想叫它们和解，可
是做不到，于是把它们拦头一把抓住，因为这个缘故，一个来了的
时候另一个跟着就到。我身上遇到的看来正是这样：我的腿由于
戴脚镣弄得很痛，现在我感到随之而来的快乐了。”

这时格贝插进来说：“宙斯爷在上，苏格拉底啊，我很高兴你的
话使我想起了一件事。有些人曾经问过我，说你把艾索波的寓言
故事写成了诗，还写了献给阿波隆的赞美诗；前天欧维诺[②]又问 D
我，你这个从来不写诗的人为什么进了监狱反倒写起诗来。希望
你指教我，使我在欧维诺再问起的时候能回答他。他是一定会再
提这个问题的，我怎么跟他说呢？”

他说：“那你就跟他说老实话吧，格贝。你跟他说，我编这些诗
并不是想跟他和他的诗比试，因为我知道那很不容易。我这样做
是为了试图证实我的一些梦的意义，是为了提防自己失职，因为我 E
多次梦见应当从事音乐活动。事情是这样的：我一生中有很多次
做同样的梦，做梦的方式和时间虽然各异，却都是梦见一句话，即

---

① Aἴσωπος，寓言作者。旧译伊索。

② Eὐήνος，诗人，演说家，参见《苏格拉底的申辩篇》，20B，以及《裴德若篇》，267A。

‘苏格拉底啊，制作和演奏音乐吧。’过去我以为这是鞭策我、勉励
我去做自己已经在做的事情，正像人们给赛跑的选手喝彩打气一
61A 样，这梦是在鼓励我做我正在做的工作，即制作音乐，因为哲学就
是最伟大的一种音乐，我正在做这种工作。但是现在我在判决之
后、神圣的节日缓刑期间，想到那些接二连三的梦也许实际上是让
我从事通常意义的音乐，我应该照办，不能违抗。我想自己最好在
B 辞世之前做应当做的事，即听从梦的命令，制作诗句。于是我首先
编了一首这个节日歌唱神恩的颂歌。编完颂歌之后，我想到一个
诗人只要真是诗人就该语涉玄远，不能平铺直叙，而我素来不善于
作玄远之谈，于是就把那随手可得而且自己很熟的艾索波寓言拿
来，编成韵语。格贝啊，你把这些告诉欧维诺吧，请代我向他道别，
告诉他，如果他明智的话，就尽快地跟着我来吧。我看来今天就
C 要走了，因为这是雅典人的命令。”

辛弥亚说：“苏格拉底呀，这是你给欧维诺提的什么忠告啊！我曾经见过他多次，根据我所见到的，我敢说他根本不会听你的这句话。”

他说：“为什么不会？欧维诺不是个哲人吗？”

辛弥亚说：“我想是的。”

“那他就会很愿意照办，每一个对哲学真有兴趣的人都会这
样。只是他并不会对自己下手，因为据说不容许这样做。”他边说
D 边把脚伸到地上，以后讨论时始终以这个姿势坐着。

然后格贝问他：“苏格拉底啊，你说不容许对自己下手，又说一个哲人会愿意追随死去的朋友，这话是什么意思呢？”

“怎么，格贝？你和辛弥亚都是丕罗劳[1]的故人，就没有听到过这种话么？”

“至少没有听到他确定地这样说，苏格拉底。”

“我听到这种话也是得自传闻；不过我还是不反对把所听到的
话告诉你。我认为对于一个行将辞世的人来说，最合适的事情无
过于谈谈来世的情况，考虑一下我们对来世的想法；因为从现在到 E
太阳下山[2]之前还能做别的事吗？”

“为什么有人说自杀是不能容许的呢，苏格拉底？我听见丕罗劳住在本邦的时候说过你刚才说的那句话，也听到别人说过不该这样做，可是从来没有听到过对这一点所作的确切解释。”

他说：“你不应该泄气，也许会有一天有人告诉你的。大概你觉 62A
得很奇怪，有那么一件独一不二的怪事，出乎人们的意表，就是有时
候有些人认为死优于生。大概你也觉得很稀奇，既然生不如死，为
什么不许这些人对自己行此恩典，一定要等待另外的恩人来做。”

格贝微笑着用土话说：“天知道嘛。”

苏格拉底说：“那样做表面上似乎不可理解，可是说不定其中 B
也有道理在。有一种关于此事的说法在人间秘密传授，说人生如
在狱中，不能自己越狱潜逃。我觉得此说深奥，不易理解。格贝
啊，我认为最好是说神灵是我们的守护者，我们是神灵的所有物之
一。你这样想吗？”

格贝说：“我是这样想的。”

① Φιλόλαος，毕泰戈拉派人士。

② 行刑时间。

C 他说："那就拿你自己来说吧。你的所有物之一在你并未表明
愿意它死的时候如果把自己宰了，你不是会对它大发脾气，只要有
办法就把它处罚一番吗？"

他说："那当然。"

"如果这样看，我想也未必不能说；我们一定要等到神勒令我们去死，才能结束自己的生命。现在就是这样的时候了。"

格贝说："看来这话很对。不过，苏格拉底呀，你刚才说哲人应
当作好死的准备，不是显得很奇怪吗？因为我们刚刚说过，神是我
D 们的守护者，我们是神的所有物。如果这种任务是神指定的，而神
是最好的主宰，那最智慧的哲人抛弃这项任务而不忧愁就是说不
通的了，因为他当然不会认为自己获得自由就更能保护自己。只
有愚蠢的人才会以为自己背弃主人有好处。他不会意识到自己不
E 应该背离好的主人，而应该尽可能长久地同这位主人在一起，这样
的人才会莫名其妙地逃跑。有见识的人会希望永远同比自己高明
的在一起。可是苏格拉底啊，如果我们这样看，那与我们刚才说的
情况相反的就显得很自然了，因为智慧的人临死的时候应该忧伤，
愚蠢的人死时应该高兴。"

63A 苏格拉底听了这话，看来他对格贝的固执很欣赏，就环顾着我
们说："格贝总是穷根问底，不肯轻易地接受任何主张。"

辛弥亚说："苏格拉底啊，可是我想这回他说的话里有东西。一个真正智慧的人为什么会企图抛弃那比自己高明的主人，怎么会这样轻率地离开他们呢？我想格贝是在朝着你批评，因为你打算轻易地跟我们分别，跟你亲自承认为善良主人的神灵分别。"

B 他说："你们有权这样说。你的意思我想是说我必须正式提出

申辩。”

辛弥亚说：“正是。”

他说：“很好。我要提出一项申辩，比我在法庭上提出的更有说服力。辛弥亚和格贝啊，如果我不是相信自己行将前往其他智慧善良的神灵那里，前往那些优于现世人的亡者那里，我临死不忧
伤就是错误的。从实际看，你们可以相信我希望置身于善人之列， C
虽然对这一点我并不特别坚持，不过另一方面我却要请你们相信：我有力地坚持自己走向那些最为善良的主人——神灵。正是因为这个缘故，我不但不忧伤，而且坚定地希望那里给亡者准备着赠品，像多年来的古话所说的那样，给好人准备的比给坏人准备的要好得多。”

辛弥亚说：“好哇，苏格拉底呀，你的主意是把自己的看法带走，
还是要让我们分享？我想我们应当分享一份这种属于我们的共同 D
财富，此外，如果我们对你所讲的满意，这也就是你的申辩了。”

他说：“我可以试试。不过请先让我问问格黎东需要什么。他显然很想说话，等了好久了。”

格黎东说：“苏格拉底啊，我只想告诉你，给你准备毒药的人早就要我提醒你，话要尽量少说。他说谈话会使体温升高，不利于药性发作；因此有时他只好给谈话过多的人灌两次，甚至三次毒药。”

苏格拉底说：“那也无妨嘛。让他尽他的职责，准备灌两次，要
是必要的话，就灌三次吧。” E

格黎东说：“我早就知道你要这样说，可是他已经纠缠我老半天了。”

苏格拉底说：“你别在意。我现在希望跟你们列位法官说清

楚,为什么一个在哲学中度过一生的人会在临终时自自然然地具
64A 有充分的勇气,并且强烈地希望自己死后会在另一个世界获得最
大的福祉。所以我要给你们讲明白,辛弥亚和格贝啊,这会是怎么
样的。一般人大概不知道,那些真正献身哲学的人所学的无非是
赴死和死亡。果真如此,一个人为此拳拳服膺终生,到了期待已久
的事情来临时却战战兢兢,岂不是怪事吗?”

辛弥亚笑着说:“宙斯爷在上,苏格拉底啊,我此刻并不想笑,
B 可是你叫我发笑。我敢说多数人听了你的话会说很对,我们的老
乡们也会同意,认为哲学家是愿意死的,他们会接着说:他们完全
知道哲学家值得一死。”

他说:“辛弥亚啊,他们说的可以很对,只是未见得完全知道。
因为他们不知道在什么意义下真正的哲学家愿意死,也不知道在
C 什么意义下他们值得一死,更不知道是哪一类死。我们谈我们的
吧,别去管他们。我们相信有死这种事情吗?”

辛弥亚担当了回答的任务,说“当然相信。”

“我们岂不相信死就是灵魂脱离肉体,死的状态就是肉体脱离灵魂单独存在的状态,以及灵魂脱离肉体单独存在的状态吗? 死岂不就是这样吗?”

他说:“就是这样。”

“好人啊,那就看看你跟我的看法是不是一致。如果一致,是
D 会有助于找出问题的答案的。你是不是认为一个哲学家宜于关心
有关快乐,即饮食方面的快乐?”

辛弥亚说:“当然不是,苏格拉底。”

“男女方面的快乐如何?”

“根本不是。”

“我们对肉体方面的其他关怀如何？你是不是认为一个哲学
家重视这些事情？我的意思是说给自己配备漂亮的衣服、鞋子和
饰物；你是认为他关心这些东西呢，还是厌恶它们？要知道，对这 E
些东西他是并无实际需要的。”

他说：“我认为真正的哲学家厌恶它们。”

“那你的看法是一个这一类的人并不关心肉体，把注意力尽量放在形体之外，一心专注灵魂吗？”

“对啦。”

“那就很清楚，首先，在这些事情上，哲学家要尽量摆脱他的灵
魂与肉体的联系，比其他的人更彻底，是不是？” 65A

“对啦。”

“辛弥亚啊，多数人岂不是认为人不享乐、不沾这类事情就不值得一活，谁不关心肉体方面的快乐就差不多死了？”

“的确是这样。”

“那获取真知的情况如何呢？肉体是不是一种障碍，是不是可
以用来进行考察？我的意思是问：人的视觉和听觉有没有一点真
理性，是不是像诗人常说的那样，我们既听不见又看不见任何确切 B
的东西？如果这两种肉体官能都是不确切的、靠不住的，其余的就
不用提了，因为全都不如那两种。你不这样想吗？”

他说：“当然这样想。”

“那灵魂在什么时候能达到真理呢？它藉助肉体进行考察时，显然是误入歧途的。”

“是啊。” C

“不是在思考之中灵魂毕竟知道了一些实况吗？”

“是的。”

“的的确确，灵魂最能思考的时候，是在它摆脱一切干扰，不听，不看，不受痛苦或快乐影响的时候，也就是说，在它不顾肉体，尽可能保持独立，尽量避免一切肉体的接触和往来，专心钻研实在的时候。”

“是这样。”

D “那么在这一方面，也就是哲学家的灵魂极端蔑视肉体、摆脱肉体、努力保持独立不依状态喽？”

“看来如此。”

“怎么样，辛弥亚？我们是不是承认有绝对公正这样的东西呢？”

“当然认为有。”

“还有绝对的美和好。”

“当然。”

“你有没有用你的眼睛看到这些东西呢？”

他说：“当然没有。”

“你有没有用任何肉体感官觉察到它们呢？我说的这种东西，是指大小、健康、强壮之类，总之是指某事某物的本质，即实际上是什么。我们是通过肉体得知事物的真相吗？岂不是那种周密准备
E 以求理解对象本相的人最能认识它吗？”

“当然是。”

“最能胜任这项工作的人，岂不是那尽可能在研究中单用纯粹的心思，思想时不要借助视觉，不凭借任何其他感官，只靠干净纯
66A 粹的心思钻研干净纯粹的本质，尽可能摆脱眼睛、耳朵以及其余形

体的影响，免除它们阻碍灵魂获得真理和明智的人物吗？辛弥亚啊，如果有这种人的话，岂不是这种人得以认识实在吗？”

辛弥亚说：“苏格拉底呀，你说得再对没有了。”

苏格拉底说：“考虑到以上所说的这些，那些真正爱好智慧的 B
人一定会说出这样的话：这好像是一条引导我们进入正轨的捷径，可以使我们正确推断，得出一条结论：只要我们有形体，灵魂受到形体的累赘，我们就不能完全如愿以偿，获得真理。因为形体使我
们不断地忙于满足存活的需要，种种疾病向我们袭来阻碍我们探 C
究真实。形体使我们充满各种感情、欲望、恐惧以及各种幻想和愚妄，真正说来教我们不可能进行思考。战争、革命和争斗的唯一原因是肉体及其各种欲望。因为一切战争的产生都是为了赚钱，我
们是为了肉体而被迫赚钱的。我们是为发财而奔走的奴隶。就是 D
由于这个缘故，我们失掉了钻研哲学的余暇。最坏的是我们忙里偷闲关心哲学的时候，肉体经常闯进来用喧嚣和混乱打断我们的研究，使我们不能瞥见真理。实际上我们深信：如果我们想要对某
事某物得到纯粹的知识，那就必须摆脱肉体，单用灵魂来观照对象 E
本身。看来根据我们的论证可见，我们所希求的、我们信誓旦旦地从事追索的智慧，只有在死后才能获得，生前根本不行。如果我们
以血肉之躯不可能取得任何纯粹的知识，那就要末根本不可能求 67A
得知识，要么只有在死后才可能，因为只有那时灵魂才会与肉体分离，独立于肉体。看来我们在有生之年只能尽量接近知识，其办法是尽可能避免与肉体接触往来，非绝对必须时不碰，不受肉体
本性的影响，使自己纯粹独处，直到最后神使我们解脱。像这 B
样，我们摆脱肉体的愚昧，保持纯粹，我想就大概可以与我们的

侪辈相通，对纯粹的东西获得直接的知识，这也许就是认识真理了。因为自己不纯粹是不能达到纯粹的东西的。这样的一些话，我想，辛弥亚啊，是那些真正爱好学问的人应当想想，应当彼此共勉的。你同意吗？”

“衷心钦服，苏格拉底。”

苏格拉底说：“那很好，如果真是这样，我就大有希望了。等我
到了现在要去的地方，我就可以在那样一个地方完全达到我过去
C 一生中努力以求的那个目标了。我现在规定要走的这个旅程将带
来良好的前景，这前景是每一个深信自己的心思已经得到净化的
人都会有的。”

辛弥亚说：“当然。”

“这净化，我们在前面很久就提到过，就在于尽可能把灵魂与
肉体分开，使灵魂习惯于从肉体的接触中返回，集中于自身，尽可
D 能在现在和未来固守在自身之内，摆脱肉体的枷锁。是不是呢？”

他说：“正是。”

“我们称之为死的，岂不就是摆脱和脱离肉体吗？”

他说：“正是这样。”

“可是，我们已经看到，那些真正的哲人，也只有这些人，是经常极度热衷于使灵魂得到解放的；他们所从事研究的正是使灵魂摆脱和脱离肉体。是不是？”

“显然是。”

“那么，正像我开头说的那样，一个人如果经过终生锻炼，习惯
E 于处在尽可能接近死亡的状态中，在临死时惊惶失措悲不自胜岂
不非常可笑吗？”

“当然可笑。”

“的的确确，辛弥亚啊，那些真正爱智慧的人是仰慕死的，至少
死在他们看来不像其余的人那样觉得可怕。他们对肉体十分不
满，深愿灵魂脱离肉体而独立存在。如果在这件事发生的时候他
们惊惶失措悲不自胜，那不是非常愚蠢的吗？难道他们会不乐意
前往那可望达到终生向往的目标——智慧——的处所，不想避开
与所恨的对象朝夕共处吗？的确有很多人曾经凭自己的自由意志 68A
选定，要追随已故的爱人、妻子和儿子前往另一个世界，希望在那
里见到自己所向往的人，同他们在一起。真正爱智慧并且坚信能
在另一个世界找到智慧的人，怎么会在临死的时候悲痛，怎么会不 B
乐意前往呢？我认为不会这样，朋友啊，如果他真是哲人的话；因
为他会深信不疑地认为自己只有到那另一个世界里才会找到不折
不扣的智慧。如果是这样，那样一个人怕死岂不太愚蠢吗？”

“当然非常愚蠢。”

苏格拉底说：“你看到一个人临死惶恐，这不就足以证明他是
不爱智慧，只爱肉体吗？而且这个人也爱钱财和名望，或者只爱其 C
中之一，或者两样都爱。”

他说：“确实像你说的那样。”

他接着说：“那么，辛弥亚啊，那种称为勇敢的美德，岂不是哲人所独具的特征吗？”

他说：“毫无问题。”

“还有明智（一般所谓明智就是不为欲望激动、对欲望漠不关
心的态度），岂不是那些蔑视肉体、在哲学中生活的人所独具的特
征吗？” D

他说:“当然是。”

苏格拉底说:“你要是仔细看看另外一些人的勇敢和明智,就会看出他们是自相矛盾的。”

“为什么呢,苏格拉底呀?”

“你是不是知道,其他的人全都把死看成最大的恶事?”

“的确是这样。”

“勇敢的人面对死亡而不惧怕,是由于害怕更大的恶事的原故。是不是?”

“是这样。”

“那就是说,除了哲人之外,所有的别人全都是由于害怕而勇
E 敢的。可是说勇敢是由于害怕和胆怯,却是自相矛盾的。”

“那当然。”

“那些人的明智是怎么样呢?是不是情形全都一样,都是由于放纵所以明智[①]的?我们可以说这不可能,但是那些以一种简单化的明智见称的人,情形大都跟我刚才所说的一个样。他们害怕失掉自己想要的另外一些快乐,所以摈弃某种快乐,这是因为他们不能抑制另一种快乐。虽然把放纵说成受制于快乐的条件,其实
69A 是因为他们不能抑制某些快乐,才终于抑制另一些快乐。这就是我刚才说的那种情形,即由某种放纵使自己明智起来。”

“看来是这样。”

“我的好辛弥亚啊,我觉得从道德观点看,这并不是正确的办法,不能用某种程度的快乐、痛苦或恐惧来换取另一种程度的,好

---

① σωφροσύνη,也就是克制。

像用价值不同的钱币来兑换似的。可是只有一种通货，我们的一
切物品都必须兑换成它，才能买卖；这通货就是智慧。实际上是智
慧造成了勇敢、明智和公正。总之，真正的美德只是与智慧一同存 B
在，加上或减去快乐、恐惧和这一类的东西都没有关系。一套建立
在相对的情感价值上的道德只不过是幻觉而已，这只是一种十分
庸俗的想法，毫无健全真实的成分。真正的道德实际上是斩净这
一切相对的情感，这种净化就是明智、公正、勇敢和智慧本身。我 C
想那些创立秘法的人[①]也许并非出于蒙昧，实际上他们的学说中
暗藏着深意，所以说未发蒙、未开导的人到了另一个世界即置身于
污泥之中，已发蒙、已净化的人到了那里则与神灵同住。因为他们
的秘法说，‘手拿茴香的人虽多，真信酒神的人却少’[②]；这真信的
人我想就是真正的哲人。我一生中曾经不遗余力，千方百计力求 D
置身于哲人之列。至于我努力得是否正确，有没有成效，我想我一
到那里就会明白的；现在我马上就要到了，如果神愿意的话。辛弥
亚和格贝啊，这就是我对你们的申辩，表明我在离开你们和阳间的
主人时毫不悲痛惊惶是有理的，因为我相信在那里也和在这里一
样会找到善良的主人和朋友。如果我现在的申辩可以说服你们， E
胜于说服我的雅典法官们，那就好了。”

苏格拉底说完之后，格贝回答道：“苏格拉底呀，我同意你说的
另外一些话，可是你对灵魂的看法，一般人难以置信，以为灵魂脱 70A
离了肉体就不再存在于何处，人一死它就可以分散消灭，它一离开

① 指奥尔菲教派分子，崇拜酒神的人。
② 酒神祭中信徒手持茴香。

肉体就立刻飞走，不再在什么地方，有如烟消云散。如果它还继续
存在，作为一个独立的单位，摆脱你刚才说过的那一切恶事，那就
B 有理由强烈地希望你所说的话是真的了，苏格拉底。我想一定要
有点论据和明证，才能表明一个人死后灵魂还继续存在，保有某种
能动的力量和智慧。”

苏格拉底说：“格贝，你的话是对的。可是我们拿这怎么办呢？你是不是希望我们来研讨一番，看看这种观点到底对不对？”

格贝说：“是这样。我很乐意听听你对此的看法。”

苏格拉底说：“怎么说我也不相信，一个听了我们谈话的人，哪
C 怕是喜剧诗人，会说我在啰啰唆唆空谈一些与我无干的事。如果
你乐意的话，我们最好还是继续研讨这个题目吧。我们先问，死去
的人的灵魂是不是在另一个世界里。我们还记得有一个古老的传
说，认为这些灵魂从这个世界到那个世界，再回到这里，从死者托
生。如果真是这样，如果活人都是死者托生的，我们的灵魂就曾经
D 存在于彼处，是不是？因为它们如果不存在了，就无法再度托生；
这就充分证明它们存在，因为十分明显，活人是来自死者的。如果
不是这样，那就需要另外一种说法了。”

格贝说：“当然。”

“如果你希望理解得容易一点，看问题的时候就不要只从人
看，而要从一切动物、一切植物看，总之，要从一切可以说有生命的
东西看。我们就从这一切来看吧，看看它们是不是只从它们的对
E 立面生出来的，因为它们都有与它们相反的对立面，例如美跟丑相
反，公正跟不正相反，这类成对的东西是不胜枚举的。我们来看看
是不是每一件有对立面的事情都不可避免地从它的对立面产生出

来，而且只从对立面产生出来。例如，一件东西变大时，它在变大之前必定曾经是比较小的。是不是？”

“是的。”

“如果它是小的，那它一定是曾经比较大，后来变小了。是不是？” 71A

他说：“对了。”

“较弱的从较强的生出来，较慢的从较快的生出来。对吗？”

“当然。”

“如果一件东西变坏了，那岂不是从比较好变来的吗？如果比较公正，那不是从比较不正变来的吗？”

“自然是这样。”

他说：“那我们就充分肯定这个事实，肯定一切都是这样产生出来的，对立面生自对立面？”

“那当然。”

“那么，在这些对立面之间，岂不是有一种情况，可以名之为两
类产生，即从对立的此端到另一端，再从另一端返回到此端？在一 B
个较大的东西跟一个较小的东西之间，不是有一种增和减，可以名之为变大和变小吗？”

他说：“是的。”

“分开和混合，冷却和加热，以及一切对立的事情，都同样是这样的。即便我们在每种场合并没有同样的言辞表达它，实际上不是永远必定有一个从此到彼的产生过程吗？”

他说：“当然有。”

苏格拉底说：“那么，是不是有什么事情跟活相反，有如醒跟睡 C
相反那样？”

他说："确实有。"

"是什么呢？"

他说："就是死。"

"那这两件事就是彼此相互产生的，它们是两件事，它们之间的过程就是两个。是不是？"

"怎么不是呢？"

苏格拉底说："现在我要说出刚才所讲的两对中间的一对，以及其间的两个过程；请你说出另外一对。我说的那一对就是睡和
D 醒，醒是从睡产生的，睡是从醒产生的，那两个产生过程就是睡着和醒来。你同意不同意？"

"当然同意。"

苏格拉底说："那你就说说活跟死吧。你说活是死的反面吗？"

"我这样说。"

"你也说活和死是彼此相互产生的吗？"

"是的。"

"那从活产生的是什么？"

他说："是死。"

苏格拉底说："从死产生的是什么？"

"我只能说一件事，就是活。"

"格贝啊，从死既产生出活物，也产生出活人吗？"

E 他说："显然是这样。"

苏格拉底说："那我们的灵魂就存在于另一个世界里啰。"

"看来是这样。"

"这两个产生过程中间有一个是明白可见的，这就是由活到死

的过程，是不是？”

他说：“确实如此。”

“那我们跟着怎么办呢？如果否定那个与此相反的过程，不是把自然片面化了吗？我们是不是必定要承认有一个与从活到死相反的产生过程？”

他说：“确实有必要。”

“这个过程是什么呢？”

“是再活过来。”

苏格拉底说：“如果有再活过来这样的事，这不就是从死到活 72A
的产生过程吗？”

“当然是。”

“那我们就可以得出结论说，活从死产生，正如死从活产生一样；既然如此，我觉得就充分证明：死者的灵魂存在于某处，再从那里回到活。”

“苏格拉底啊，我认为从我们以前同意的那些看法必然得出这个结论。”

“格贝啊，我认为也有另外一个办法，证明我们同意的那些看
法是对的。如果产生的过程不是从对立的一方到另一方，然后再 B
反过来，兜着圈子转，而是永远以一直线向前，没有返回或转折，那么，你明白，到了最后一切事物就都成了一样的，都达到同一状态，就根本停止产生了。是不是？”

他说：“你这是什么意思呢？”

苏格拉底说：“我的意思一点都不难懂。比方说，如果入睡的过程存在，而与此相反的醒来过程不存在，到最后，你知道，就会使

熟睡的恩狄弥雍[①]成为没有意义的胡言乱语；他会不在什么地方，
C 因为整个世界都会在同样的睡眠状态中。如果一切都是合的，根本没有分的，那就证明阿那克萨戈拉[②]所谓‘一切皆合’是对的了。亲爱的格贝啊，同样情形，如果一切有生命的东西都会死，如果死者在死后始终处在那种状态中，岂不是到最后必然一切都是死的，
D 没有一个是活的吗？因为如果活的不是从死的产生，而是从别的产生，而活的又必要死，怎能避免到头来一切事物都要同归于死呢？”

格贝说：“我想没有不死的，苏格拉底，看来你说的完全正确。”

他说：“格贝啊，我想这再正确不过了，我们对此表示同意是没有错的，可是复活却是的的确确的事实，实际上活的是从死的产生
E 的，死者的灵魂是存在的。好人的灵魂存在得好些，坏人的灵魂存在得差些。[③]”

格贝接着说：“苏格拉底啊，此外，如果真像你经常说的那样，我们的所谓学习实际上就是回忆，那就是一个补充的论证，说明我们必须在以前的某个时候学习过现在回忆起的事情。可是，如果
73A 我们的灵魂在投生为人类之前并未存在于某处，那回忆就是不可能的了。所以从这方面看，也足见灵魂是不灭的。”

辛弥亚说：“格贝啊，这是怎样证明的呢？请你提醒我一下，因为我现在不能顺利地回忆起来了。”

格贝说：“总而言之，最好的证明是这样：你向人家提出一个问

---

① ᾿Ενδυμίων，长睡不醒的神人。

② ᾿Αναξαγόρας.

③ Burnet 依 Stallbaum 将此句加上括号，以示可能是窜入异文。

题的时候，如果问题提得正确，人家是能完全正确地回答的，而他之所以能做到这一点，全靠他对这个主题曾经有某种知识，有恰当的把握。如果你向人家揭示出图表之类，人家的反应就非常明白地证明那个说法是正确的[1]。” B

苏格拉底说：“辛弥亚啊，如果你觉得这种说法难以置信，那就看看这样说是否打动你的心。你是不肯轻信的人，是不是觉得弄不明白学习怎么能是回忆呢？”

辛弥亚说：“我不是那种人；可是所谈的那个回忆却正是我所需要的。由于格贝那一提，我就打算开始回忆，从而信服了；不过尽管如此，我还是愿意听听你的说法。”

苏格拉底说：“是这样：我想我们大家都同意，一个人如果要回 C
忆什么事，一定得在以前某个时候知道这件事。”

他说：“当然。”

“那我们岂不也同意，这样获得知识的时候，就是回忆？我的意思是说：如果一个人听到、看见或者以其他方式觉察到一件东西的时候，不仅知道那件东西，而且觉察到某个别的东西，他对这东西的知识并不是原来的知识，而是不同的知识，那我们有没有理由说，他是回忆到他有所觉察的东西呢？”

“你这话是什么意思？” D

“我给你举个例子吧。我想你会同意，人和竖琴是不同的认识对象。”

“那当然。”

① 参见《枚农篇》，Ⅱ，82B—85B。

“你知道，一个情人看见他所爱对象经常使用的竖琴、大氅之类时，就从见到那个竖琴心里想到那个拥有此竖琴的少年[①]的形貌，是不是？然而这是回忆，正如见到辛弥亚常常想起格贝一样，这一类例子是不可胜数的。”

辛弥亚说：“宙斯在上：的确不可胜数。”

E 苏格拉底说：“那一类的事情不就是一种回忆吗？特别是那类涉及年久遗忘不经心的对象的，不就是回忆吗？”

他说：“就是。”

“一个人看到一幅画着马或竖琴的图像能想起一个人，看到辛弥亚的画像能想起格贝吗？”

“当然。”

“看到辛弥亚的画像能想起辛弥亚本人吗？”

74A 他说：“是的。”

“那么，这些例子都表明回忆由类似的东西引起，也由不类似的东西引起。不是吗？”

“是这样。”

“一个人由类似的东西引起回忆时，是不是必然考虑到这回忆所表现的是完全的、还是部分的类似？”

他说：“必然考虑到。”

苏格拉底说：“你看看真是这样吗。我们说有‘等’这样的东西。我的意思并不是说一块木头等于另一块木头，一块石头等于另一块石头，诸如此类，而是说这以外的东西，这个‘等’是离开事

① 希腊有男子同性恋的风俗。

物的‘等’本身[1]。我们是不是会说有这样一件东西？”

辛弥亚说：“宙斯在上：我们当然会说有。” B

“我们知道这是什么吗？”

辛弥亚说：“当然知道。”

“我们对于它的知识是从哪里来的？是不是从我们刚才谈到的那些事物来的？我们是不是看到相等的木块、石块或其他事物，从其中得出一种关于‘等’的看法，而这‘等’却是另外的东西？你是不是认为它是另外的？我们这样看看吧。那些相等的木块和石块虽然始终如一，不是有时候在我们看来在这方面相等，在那方面不相等吗？”

“确实如此。”

“那么，那些相等者本身有时在你看来并不相等，‘等’有时在 C
你看来是‘不等’吗？”

“不，苏格拉底，从来不这样。”

苏格拉底说：“那么，这些相等的事物就不是‘等’本身啰。”

“苏格拉底啊，我看完全不是。”

苏格拉底说：“然而正是这些相等的事物唤醒了你，给你带来了‘等’本身的知识，虽然它们并不是‘等’本身。对不对？”

他说：“你说的非常对。”

“它跟它们类似还是不类似？”

“当然类似。”

苏格拉底说：“那没有什么关系。只要一件事物的视觉给你带

---

① αὐτὸ τὸ ἴσον，即“等的相”。

D 来另一件事物的知觉，不管它们类似不类似，就必定是回忆。”

“就是。”

苏格拉底说：“那些相等的木块，以及我们刚才谈到的那些事物，是这样对我们起作用的：它们究竟是像‘等’本身那样相等，还是不像‘等’本身那样？”

他说：“它们大大不如它。”

“一个人看见一件事物时心里会想：我看见的这件事物是力求类似某个别的存在物①的，但是大大不如，不能真正类似它，只是

E 一个可怜的摹本而已。你是不是同意，这样想的人必定是预先知道那个东西，才会认为事物类似它却又不如它？”

“是这样。”

“那么，我们在相等的事物和‘等’本身方面就是这样主张的吗？”

“正是这样。”

“那么，我们就必须先已经有‘等’的知识，然后才看见相等的

75A 事物，认为这些事物力求类似‘等’本身却又不如它。”

“对了。”

“同时我们也同意：我们要取得‘等’的知识，要能够取得它，只有通过视觉、触觉或其他一种感觉才行。我认为这些感觉都一样。”

“苏格拉底啊，它们都一样，对于我们讨论的目的来说并无差别。”

“所以我们必须通过五官获知：一切感性对象全都力求靠拢

B ‘等’本身，却大不及它。这就是我们的看法吗？”

“是的。”

---

① 指相。

“我们开始看、听或使用其他感官之前，必须在某处获得一种关于‘等’本身的知识，才能将我们从感觉得来的那些相等的事物跟它比较，看出这样一些事物都是渴望类似‘等’本身却大不如它的。”

“从我们说过的那些话必然得出这个结论，苏格拉底。”

“我们一生下来就看见、听见、具有其他感觉吗？”

“当然。”

“可是我们说，我们在具有这些感觉之前必须已经获得‘等’的 C
知识。是不是？”

“是的。”

“看来我们必须在出世以前已经获得它。”

“就是。”

“如果我们在出世以前就获得了那种知识，带着它生下来，那我们在出世以前和出世的时候就不仅知道相等、大于、小于，而且知道这类的一切事情吗？我们现在的论证不仅涉及相等，而且涉及美本身、好本身以及公正和虔诚，总之，涉及我们在问答过程中
称之为‘某本身’[①]的一切。所以我们必定在出世以前就已经获得 D
了这一切的知识。”

“对了。”

“如果我们在获得之后一直没有忘掉它，那就必定生下来知道而且终身知道这一切因为知道就是获得知识并且保持不失，而失掉知识就是我们所谓忘记的意思。是不是，辛弥亚？”

他说：“就是这样，苏格拉底。” E

① αὐτὸ ὅ ἔστι，即某某相。

"如果真是我们在出世前获得了知识,在出世时把它遗失了,后来由于使用我们的感官才恢复了自己原有的知识,那么,我们称为学习的那个过程实际上岂不就是恢复我们固有的知识吗?我们岂不是有理由把它称为回忆吗?"

"当然。"

76A "因为我们发现,我们在凭视觉、听觉或其他感觉察知一物时,有可能根据那个知觉回想到另一个已经忘了的东西,那东西跟所觉察的事物有联系,不管是不是类似。所以我说,要么是我们生下来知道这一切并且终生知道,要么是那些所谓学习的事情只不过是回想,所以学习就是回忆。"

"非常正确,苏格拉底。"

"辛弥亚,你选哪一样呢?是我们一出世就知道,还是后来回

B 忆起我们出世前已经得知的那些东西?"

"我此刻还不能挑选,苏格拉底。"

"怎么?那你可以回答这个问题:一个知道某事的人能不能对自己所知道的事作出说明?"

"当然能够,苏格拉底。"

"你是不是认为每个人都能对我们刚才谈过的那些东西作出说明呢?"

辛弥亚说:"我希望他们能够,可是反过来我恐怕明天这时候没有一个活着的人真能这样做了。"

C "辛弥亚啊,那就是并不认为人人都知道这些事啰?"

"决不。"

"那他们就是在回忆自己曾经学到的事啰?"

“必定是这样。”

“我们的灵魂是什么时候获得这种知识的呢？当然不是在投生为人之后。”

“确实不是在生后。”

“那就在出世以前。”

“对了。”

“辛弥亚啊，灵魂是先就存在的，在获得人形之前就有，与身体分离，具有着心智。”

“要不然的话，苏格拉底啊，就是在出世的时候获得的，因为那时候还是有灵魂的。”

“你说得很好，朋友！可是后来在什么别的时候把它丢失了 D
呢？因为刚才我们已经同意，我们生下来的时候已经没有它了。是获得的时候就把它丢失了吗？你能不能指出另外一个时候？”

“当然不能，苏格拉底。我没注意到自己在胡说八道。”

“辛弥亚啊，情形是这样吗？如果像我们一向说的那样，美、好以及其他这一类的实体[①]是存在的，如果我们将自己的一切感觉
都归因于那些以前就存在、现在还存在的东西，把自己的感觉拿来 E
跟它们作比较，那岂不必然推论出：正如这些实体存在一样，我们的灵魂是存在于我们出世以前的；如果没有这些实体存在，我们的论证就是白费力气了？如果情形是这样，那就的的确确，只要这些实体是存在的，我们的灵魂就在我们出世以前存在；如果这些实体不存在，我们的灵魂也就不存在。是不是？”

---

① οὐσία，即客观的存在者，相。

辛弥亚说："苏格拉底啊，我觉得的的确确是这样，我们的论证
77A 得出了正确的结论，这就是：我们的灵魂存在于我们出世以前，你
说的那种实体也同样存在。因为我觉得非常明白，这一类东西，
美、好以及你刚才谈的一切其他，都是货真价实地存在的。我认为
证据很充分。"

苏格拉底说："格贝怎么样？我们也该说服格贝啊。"

辛弥亚说："我想我们把他完全说服了，尽管他是凡人中间最
B 最顽固的。然而我相信他已经十分信服：我们的灵魂存在于我们
出世以前。可是说它在我们死后还存在，连我都觉得有待证明。
苏格拉底啊，格贝刚刚提到人们有一种普遍的恐惧，害怕人死魂
散，存在告终。这种恐怖还依然如故。既然认定灵魂是产生出来
的，由某些元素合成，存在于进入人体之前，怎么能说它不会在进
入人体、托于人体之后走到穷途，黯然消灭呢？"

C 格贝说："辛弥亚啊，你说得对。我觉得我们只证明了问题的
一半，即我们的灵魂存在于我们出世以前。可是我们还要说清它
存在于我们死后，一如存在于生前，这样我们证明才完善。"

苏格拉底说："辛弥亚和格贝啊，这是已经得到证明的，只要你
把这个结论跟前面得出的那个结论联结起来就行，那就是：一切生
D 物都是从死物里生出来的。如果灵魂存在于出世以前，而它在进
入生命、产生出来的时候，是不能从他处、只能从死亡和死亡状态
中出世的，那它既然必须再生，就必定也在死后存在了，是不是？
这样，你所要求的证明就做出来了。尽管如此，我想你和辛弥亚还
是愿意把这个讨论贯彻下去。你们有一种幼稚的恐惧，以为灵魂
E 离开身体的时候会随风飘散，特别是死时大风怒号、天气不好的情

况下。”

格贝笑呵呵地说：“苏格拉底呀，你认定我们害怕，设法说服我们吧。你也可以并不认定是我们在害怕，也许在我们中间有一个小孩儿怀着这种恐惧呢。我们设法说服他不要怕死，好像死是个小鬼似的。”

苏格拉底说：“你要每天给他念咒，把他的恐惧咒掉为止。”

格贝说：“苏格拉底呀，我们到哪里去找会念这种咒的人呢，因 78A
为你要离开我们了。”

苏格拉底说：“格贝啊，希腊是个大国，有很多好人，也有很多外国人。你应当遍访这些人，寻求这样一位念咒者，不要吝啬金钱和劳力，因为你能够花钱谋求的对象无过于此。你也必须在自己人里寻找，因为你很难发现别人比你更能胜任这项工作。”

格贝说：“我们会这样做的。现在我们还是回到岔开的地方
吧，要是你不反对的话。” B

“当然不反对，干嘛反对呢？”

他说：“你说得对。”

苏格拉底说：“我们岂不是应该问问自己：哪类东西会很自然地要遭到消散的命运？哪类东西我们应该为它担心这种命运，哪类东西不必为它担心？我们回答了这个问题之后，接着就该看看灵魂属于哪一类，然后就会知道究竟是为我们的灵魂抱希望还是为它担心。”

他说：“你说得很对。”

“是不是那组合而成的、复合的自然易于解体，有如其为组合 C
一样？一件并非组合的东西是不是最不容易解体的？”

格贝说:“看来是这样。”

“非常可能那些始终如一、毫无变化的事物乃是并非组合的事物,而变化无常的则是组合而成的。是吗?”

“我想是这样。”

D 苏格拉底说:“那就回到我们前面讨论的事情上吧。我们在问答过程中肯定的那些实体本身,是一成不变的,还是易于变化的?‘等’本身,‘美’本身,一切‘是者’本身,即‘有’,[①]难道接受任何变化?一切‘是者’既然永远如一,卓然自存,岂不是始终不改,不以任何方式接受任何变化吗?”

格贝说:“它必定是始终如一的,苏格拉底。”

E “可是那些众多的事物如何呢?这些事物,例如人、马、衣服之类的东西,有着跟实体同样的名字,称为‘相等’、‘美’之类,是怎么样呢?它们始终如一吗?是不是跟实体正好相反,自身在不断变化,彼此不同,可以说从来不一样?”

格贝说:“这些事物是从来不一样的。”

79A “你能够看见它们,触摸它们,或者用其他官能感知它们,至于那些永远如一的实体却只能用理性去把握,是看不见的。是不是?”

他说:“你说得都对。”

苏格拉底说:“那我们就认定有两类东西,一类是看得见的,一类是看不见的?”

他说:“我们认定两类吧。”

---

① “αυτό ἕκαστου ὅ ἔστιν,τό ὅν 均指相。”相是客观的存在者,存在者就是“是者”(ὅ ἔστιν,英文可译 that which is)或“有”(τὸ ὅν,英文可译 being)。

“并且认定不可见的始终如一，可见的不断变化？”

他说：“我们也认定是这样吧。”

苏格拉底说：“那我们就有身体部分和灵魂部分了？” B

他说：“就是。”

“我们说身体比较接近、比较牵涉哪一类？”

他说：“可见的那一类，这是人人皆知的。”

“灵魂怎么样？是可见的还是不可见的？”

他说：“是不可见的，至少人看不见。苏格拉底。”

“我们是根据人的视觉把事物说成可见的和不可见的，是吧？”

“是根据视觉。”

“那我们说灵魂怎么样？能不能看见它？”

“看不见。”

“那就是不可见的啰？”

“是的。”

“那灵魂跟身体相比就是不可见的，身体跟灵魂相比就是可见的。”

“当然是这样，苏格拉底。” C

“我们不是早就已经说过，灵魂使用身体来察知，通过视、听或其他官能来察知（通过身体察知就是通过官能察知）的时候，就被身体拉到变动不居的事物上去了，于是不由自主，由于接触这类事物而颠倒错乱、头昏脑涨、如醉如痴？”

“确实如此。”

“灵魂单独由自身察知的时候，就进入那纯粹、永恒、不朽、不 D
变的领域，以自身的不易灵性为本，于独立不受阻碍之时，就永远

与那些不变性质同在，永远如一，常住不变，因为它与永恒是相通的。灵魂的这种状态就叫明智。是不是？”

他说：“苏格拉底啊，你这番话说得既美好又真实。”

“从我们以前和现在所说的看来，你认为灵魂比较接近于、比
E 较倾向于哪一类？”

他说：“苏格拉底啊，我想包括最笨的人在内，任何人都会同意，灵魂是大大地倾向于一成不变的那一类，不属于相反的那一类。”

“身体呢？”

“属于另一类。”

“我们再换一种方式看看。灵魂和身体并立在一处的时候，本
80A 性命令其中之一处于服从、隶属的地位，另一处于统治、主宰的地位。在这种情况下，你觉得哪一个像神圣的，哪一个像凡俗的？你是不是认为神圣的天生适于统治和领导，凡俗的天生适于服从和隶属？”

“我认为是这样。”

“那灵魂像什么呢？”

“苏格拉底啊，那很明显，灵魂像神明，身体像凡夫。”

B 苏格拉底说：“那么，格贝啊，你看从以上所说得出的结论是不是认为：灵魂最像那神圣的、不朽的、灵明的、齐一的、不可分解的、永恒不变的；身体则正好相反，最像那人间的、有死的、多样的、可以分解的、不断变化的。亲爱的格贝啊，我们能不能说出一个根据，证明不是那样呢？”

“不，我们不能。”

“怎么？既然这样，身体岂不是自然要很快分解的，灵魂则是

自然要完全不能分解,或者几乎不能分解的?"

"可不是嘛。" C

他说:"你当然知道,一个人死的时候,他的可见部分,即身体,
躺在这个可见的世界上,被我们称为尸体,虽然自然要分崩离析,
但是并非立刻消亡,还要存留一段很长的时间,甚至非常之长的时
间,只要死时身体状态良好就行,并且死在一年中适宜的季节。尸
体如果风干或用香料防腐,像埃及所做的那样,就会存留到数不清
的年代。即便尸体腐朽,它的某些部分,如骨骼、筋腱之类,也可以 D
说是不坏的。是不是?"

"是啊。"

"可是那不可见的灵魂却进入一个跟它本身一样高贵、纯粹、
不可见的地方,达到真正的另一世界[①],那里住着善良、智慧的神,
只要神愿意,我马上就要到了。那具有那些性质、那种本性的灵魂
离开身体的时候,会像多数人说的那样立刻消散毁灭吗?完全不
是那样,我亲爱的格贝和辛弥亚啊,实际上倒是这样:如果它走得 E
干净利索,不夹带任何身体成分,那么,由于它在活的时候很不愿
跟身体联结,但求摆脱身体,是只跟自己抱成一团的,因为这是它
经常学习的,无非意味着正确地、真正地追求哲学,练习置身于死
的状态:这不就是练习死亡吗?" 81A

"完全正确。"

"如果它在这样的状态中,那就是进入了一个跟自己同样不可见的、神圣的、不朽的、智慧的境界,到了那里就无比幸福,摆脱谬

① ᾍδης,即阴间,这里作者借用上文"不可见"(ἀιδής)的谐音。

误和愚昧以及恐惧，免除凶猛的爱恋，不受种种人间的邪恶摆布，一如识者所谓以后永远跟神同在。我们信仰这些吗，格贝，还是别有所信？”

格贝说：“宙斯在上，我们信仰这个。”

B “可是我想，如果它离开身体的时候拖泥带水，不干不净，由于
一直跟身体在一起，关心身体，爱护身体，迷恋身体的欲望和快乐，
因此以为最真实的只是形体，只是那些能摸到、能看见、能吃、能
喝、能用于寻欢作乐的形体；——如果它习惯于怨恨、恐惧、回避那
眼睛看不见的、只能用哲学来理解和把握的东西，你想这种状况的
C 灵魂能去得干干净净、纯洁无瑕吗？”

他说：“那简直不可能。”

“我想这样的灵魂会与身体同流合污，它跟身体的往来和交通已经成为它本性的一部分，因为身体曾经是它的经常伙伴，是它关注的对象。”

“当然。”

“朋友，我们必须相信形体是个包袱，沉重、凡俗而且可见。那
样的灵魂是被它拖了后腿，被它拉回到可见的世界，对不可见的另
D 一世界心怀恐惧，可以说是徘徊于墟墓之间。在那里可以见到这
些灵魂的恍惚形象，它们并不是干干脆脆地离去的，还保留着某种
可见的成分，因此是可以看到的。”

“很像是这样，苏格拉底。”

“是的，很像，格贝。看来这并不是好人的灵魂，而是坏人的灵
魂。它们是被迫徘徊在那种地方，作为对自己以往邪恶生活方式
E 的惩罚。它们徘徊着，直到对形体的欲望使它们重新囚禁到一个

身体中间。它们很像是按照以前生活的实际情况而被囚禁在某种形态之中。”

“你说的是哪些形态呢，苏格拉底？”

“举例来说，那些贪图饮食、放荡不羁的人并不下工夫戒除恶
习，就只有化身为驴和诸如此类的牲口。你不这样想吗？” 82A

“确实很像是这样。”

“那些选择了不义、篡夺和抢劫的人则化身为豺狼、鹰隼。我们还能想象他们变成什么别的吗？”

格贝说：“毫无疑问他们是这样的。”

他说：“那就很明显，其他的人的前途是不是各按其习惯而定？”

格贝说：“那是当然。”

他说：“那些人中间最幸福的，去处最好的，是那些发扬平民美
德和公民美德的，亦即明智和公正的。他们这样做只是依据本性 B
和习惯，并非借助于哲学和理性。是不是？”

“这些最幸福的人怎么样？”

“他们大概会化身为某些社会性的、温顺的物种，如蜜蜂、黄蜂、蚂蚁，或者再度化身为人，成为公民们的祖先。是不是？”

“是的。”

“一个人如果并没有研究哲学，而且去时并不十分干净利索，是不能容许侧身于神灵的行列的，只有好学之士除外。正是因为
这个缘故，亲爱的辛弥亚和格贝啊，那些真正爱智慧的人抛弃各种 C
身体欲望，坚决地抵制它们，丝毫不作让步；因为他们不怕贫穷，不怕损失财产，跟多数人不同，多数人是爱钱的；他们也不是因为怕不名誉、丢面子，像一般爱名誉势力的人那样瞻前顾后，他们根本

不顾这些。”

格贝说：“苏格拉底啊，这些都是毫不足道的动机。”

D 他说：“宙斯在上，当然不足道。因此那些关心自己的灵魂、不
肯为身体活着的人把背朝着普通人，不肯与他们为伍，感到他们不
知往何处走。这些人自己深信，哲学有解放作用和净化作用，是不
能抗拒的，因此心向哲学，一切听从哲学，拳拳服膺。”

“他们怎么办呢，苏格拉底？”

他说：“我要告诉你的。那些好学的人知道，到哲学开始掌握
他们灵魂为止，他们是一些孤苦伶仃的囚徒，戴着脚镣手铐锁在身
体上，不能直接观察，只能通过身体这牢狱的栅栏去看，在愚昧的
深渊中翻腾。哲学看出这种囚禁生涯最可怕的地方在于它是肉体
83A 的欲望造成的，囚徒本身就是这囚禁的主要助手。好学的人觉察
到哲学掌握了这种状态下的灵魂，就温和地鼓励它，设法使它得到
自由，指出眼睛、耳朵和其他感官都充满着欺骗，敦促它摆脱这些
B 东西，能不用就不用，劝告它集中到自身内部，只信任自己以及自
己对实在本身的思维，深信它用其他方式所看到的、随对象而异的
东西里并无真理，因为这类东西是可见的，是感官所体会的，而灵
魂本身则见到不可见的、由心灵体会的东西。真正哲人的灵魂深
信自己决不能违抗这种解放，因此坚持尽可能脱离快乐和情欲、悲
愁和恐惧，考虑到一个人具有强烈的快乐、恐惧或情欲时不仅尝到
C 可以设想的苦头，例如生病或虚掷金钱于享乐，而且犯下最大的、
极端的邪恶，自己也说不出所以来。”

格贝说：“什么邪恶呢，苏格拉底？”

“这邪恶就是每个人灵魂的邪恶。由于某物而感到极大的快

乐或痛苦时，就不由自主地相信那造成这种情感的对象是非常分明、非常真实的；但是并非如此。主要是感性事物产生出这种结果，是不是？”

“就是嘛。”

“在这种情况下，灵魂不是完完全全处在身体的羁绊之下吗？” D

“怎么一回事呢？”

“因为每一种快乐或痛苦都好像一根铆钉，把灵魂铆到身体上，使灵魂形体化，以为身体说真实的东西就是真实的。因为它由于具有一些跟身体同样的信念和快乐，就不得不采纳一些同样的习惯和生活方式，决不能一干二净地离开身体前往另一世界，必定是夹带着身体的污染去世，因此它很快就重新沉入另一个身体，像撒下的种子似的在那里生根发芽。由于这个缘故，它跟那神圣的、 E
纯粹的、齐一的东西毫无相通之处。”

格贝说：“你说得非常之对，苏格拉底。”

“格贝啊，就是因为这个原故，那些真正的好学者是能够自制并且勇敢的；这并不是出于一般人心目中的那些理由。你认为一般人的看法对吗？”

“当然不。” 84A

“因为爱智者的灵魂不会像其他的人那样考虑，他不会首先指望从哲学得到解放，然后再让快乐和痛苦把它重新投入羁绊，使自己重蹈覆辙，去作无止境的劳役，有如贝内洛贝[①]那样白天织晚上

---

① Πηνελόπη，希腊史诗中奥德赛（'Οδυσσεύς）之妻，忠于丈夫的模范。奥德赛出征在外十二年，很多人向她求婚。她说要织完公公的寿布才能出嫁，实则白天织晚上拆，永远织不完。见《奥德赛》，XIX，136—156。

拆。他的灵魂深信必须摆脱苦乐的心情取得平静，应当遵从理性，
永远以理性为归依，沉思那真实、神圣的东西，而不理睬意见，用真
实来当作自己的唯一营养；它相信自己在有生之日就应当像这样
B 活着，在死后则达到一个与自己的本性类似的处所，永远免除人的
各种邪恶。经过这番训练之后，辛弥亚和格贝啊，灵魂就没有理由
害怕自己离开身体的时候会随风吹散，消失而为稀薄的气体，不复
存在了。”

C 苏格拉底说了这些话之后沉默了许久，他本人看来仍旧一心
贯注在刚才所作的论证中，我们多数人也是这样，可是辛弥亚和格
贝低声谈了几句。苏格拉底瞧着他们说：“你们怎么啦？是不是认
为刚才的话里有不恰当的地方？当然还有可以质疑、可以反对之
处，如果你们愿意仔细考虑的话。如果你们考虑的是别的问题，那
我没有什么话说；如果你们感到我们的讨论有某种困难，请你毫不
犹豫地把自己的看法摆出来，并且说明你认为应当怎样改进我的
D 说法。总之，请你也要利用我的作用，如果你认为我能够帮助解决
困难的话。”

辛弥亚说：“苏格拉底啊，我要跟你说老实话。我们俩早就感
觉有些困难了，因此每人都在敦促对方提出问题。我们都很想知
道你的答案，可是又不想打扰你，恐怕这样做会在目前的困境中使
你感到不快。”

他听到这话以后温和地笑着说：“辛弥亚啊，我势必要花很大
工夫来使别人相信，我并不把自己目前的状态看成困境。在我并
E 不能使你相信这一点的时候，你却害怕我现在比平常更容易发脾
气。看来你认为我在洞见未来的能力方面不如天鹅；因为这种鸟

感到自己行将死去的时候唱得比一生中任何时候更嘹亮、更动听，
因为它高兴自己就要到所侍奉的神[①]面前。可是人由于自己怕 85A
死，却对天鹅加以曲解，说它唱出最后的歌是为了哀悼自己行将死
亡。他们没有考虑到鸟在饥饿、寒冷或其他困扰时是不唱的；连
夜莺、燕子和戴胜这些号称唱哀歌的鸟类也是不唱的。我不信
它们由于悲哀而歌唱，天鹅也不悲歌；可是它们是阿波隆的鸟， B
我相信它们有预见的能力，由于预知另一世界的福祉，在那一天
是会比以前任何时候更加欢畅的。我想我本身就是天鹅的一个
伙伴，崇奉着同一位神灵，从我们的主宰那里接受了先知的赐
予，跟它们毫无逊色，所以我离开现世的时候跟它们一样毫不悲
愁。关于这方面请你尽情地发言，询问任何不解的问题吧，只要
雅典人的执法官们允许就行。”

辛弥亚说：“你说得很好。我要把我的困难告诉你，然后轮到 C
格贝，他会说出他为什么不能同意你的全部说法。苏格拉底啊，我
想，也许你也在想，要对这些问题在今生获得明确的知识，要么是
不可能的事，要么是很困难的事。可是，对上面所说的那些问题如
果不千方百计寻根问底，面面俱到，以致耗尽精力，那就是一个懦
夫。因为这人必须做两件事中间的一件：要么千方百计求知这些
问题的真相，要么认为这无法做到，就选择人类理智所能提供的某
种最好的、最可靠的说法，拿来当作木筏，乘着它渡过险象丛生的 D
人生。——如果我们不能乘坐一艘依靠神圣启示的安全航船，使
旅程更加安全保险的话。因此我现在不耻下问，提出问题来请教，

① 天鹅侍奉的神是阿波隆。

因为你鼓励我这样做，这样做了以后就不必埋怨自己闭口不言自己的想法了。因为，苏格拉底啊，我单独一个人或者跟格贝一道考虑了你所说的话，觉得并不十分满意。”

E 苏格拉底说：“朋友，也许你是对的。不过请你告诉我在哪一方面不能满意。”

他说：“在这方面，我们可以采用关于和声和带弦竖琴的说法来讲。我们可以说和声是调好的竖琴中间不可见的、无形体的、非
86A 常之美的、神圣的东西，而竖琴本身及其琴弦则是一些形体，是有形体的、组合的、地上的、接近有死的东西的。如果有人打碎了竖琴，或者割断了琴弦，用你所提出的那个说法是不是可以主张，那和声不能毁坏，必定仍然存在？因为我们不可能说，在割断琴弦之后，那竖琴和琴弦这种有死的东西还仍然存在，而那近乎神圣不朽
B 的和声却在有死的东西之前毁灭。你可以说那和声必定跟以前一样仍然存在于某处，而那木头和弦线在可能发生某事之前就烂掉了。苏格拉底啊，我想你心里早就明白，我们相信灵魂是这样一种东西：我们的身体是由冷、热、干、湿之类混合调配到一起的，灵魂就是这些对立成分的协调和调整，出现在它们混合得良好、恰当之
C 时。如果灵魂是一种和谐，那就很明白，身体由于疾病或其他原因而过分松弛或过分紧张的时候，灵魂就必定消灭，不管它如何神圣也要消失，就像声音方面的和谐和各种工艺品的和谐一样，而身体的遗留物却会保持很久才被烧掉或烂掉。如果有人主张灵魂是身
D 体要素的调和，所以会在所谓死亡的时刻首先消失，我们用什么话来答复这种说法呢？”

苏格拉底用他平常惯用的方式环视我们一番，微笑着说：“辛

弥亚提出了一项颇为公允的反驳。要是你们中间哪一位比我机灵
的话，为什么不答复他呢？因为他说的似乎不坏。可是，我想在答
复他之前应当听一听格贝在我们的说法里发现了什么毛病，使我 E
们可以有时间考虑一下说什么话。听他说了之后，如果发现他说
的正中要害，我们可以表示同意，如果他说的不对，我们也可以为
我们所说的道理辩护。”他接着说：“格贝啊，你给我们说说你觉得
有哪些麻烦吧。”

格贝说：“我要告诉你的。我觉得你的论证要点正在原来那个
地方，也受到我原来提出的反驳。因为我并不否认你那个聪明的、
也可以说决断的说法，即灵魂在进入这个身体之前就存在，但是我 87A
觉得你并没有证明灵魂在我们死后还存在。我不同意辛弥亚的反
驳，说灵魂并不比身体更强、更耐久；我认为灵魂在所有的方面都
优越得多。你说得可能很对，可是你亲眼见到人死以后那较弱的
部分还依然存在，为什么还不相信呢？你是不是认为较强的部分 B
必定保存同样长的时间呢？你看看我的答复是不是有点意思。我
想我可以像辛弥亚那样打个比方来表明我的看法。我觉得这很像
有人说的已故老织工的事，据说这人并未消灭，还安全、结实地存
在于某处，其证据是他所缝的常用衣服还很完整，并未消灭。如果
人家不信他的话，他会反问比较经久的是人还是穿用的衣服，在听 C
到人要经久得多的时候，他会认为这毫无疑问就证明了那个人是
安全无恙的，因为那比较不经久的衣服都并没有消灭。

“可是辛弥亚啊，我并不认为这话说得对，我要请你注意我所
说的。任何人都会认为这样说的人是胡说八道。因为所说的这个
织工缝过并且穿破过很多这样的衣服，他活得比它们长久，它们虽 D

然多，可是都消灭了，都在最后一件之前消灭了。然而一个人毕竟不比一件衣服差些、弱些。我想这个比方也可以用来说明灵魂和身体，可以同样地说灵魂活的时间很长，身体活的时间比较短，也比较弱。我们可以说每个灵魂都穿坏过很多身体，特别是活了很多年的人。因为一个人活着的时候身体是经常变化、经常被破坏
E 的，灵魂却经常在重新缝制那穿坏了的身体，所以它消灭时必定还穿着那最后一件衣服，这件衣服是唯一存留的，在灵魂消灭之后，身体就马上会显出它的虚弱本性，很快就朽坏不见了。所以我们还没有充分证明你的说法可靠，得出我们死后灵魂还存在于某处的结论。

88A “假定有一个人情愿向你的主张让步，而且承认的比你的还多，因为不仅我们的灵魂可以在我们生前就存在，而且不妨有某些人的灵魂可以在人死以后继续存在，或者重新存在，可以再生、再死若干次，因为灵魂的天性很强，能够经得住多次生死。可是这人即便承认了这些，还是可以认为灵魂经不住多次投生的折磨，终于不免在某次死亡时完全消灭。他可以说谁也不知道身体的哪次特殊的死亡、特殊的消解带来灵魂消灭，因为谁也不能觉察到这件事。如果
B 事情就是这样，那就只有傻子才会充满信心地面对死亡，除非他能证明灵魂是根本不会死，根本不会消灭的。如果不是这样，那将死的人就永远要害怕自己的灵魂会在身体解体的同时彻底消灭。”

C 这时候，我们这些人正像后来彼此相告的那样，听了他们说的那些话感到非常泄气；因为我们听了先前的论证以后本来完全信服了，现在看来他们又把我们抛回到混乱里，不但不能相信已往的讨论，连任何将来的讨论都不肯信了。他们使我们害怕自己不能

作出判断，在这些问题上无法得到定论。

艾克格拉底：神灵在上，斐洞啊，我很同情你。因为我听了你
所说的话以后，心里不禁自问：我们以后相信什么说法呢？苏格拉
底的说法本来最有说服力，现在已经垮台没人信了。灵魂的一种 D
和谐的学说，曾经一直对我有很大的支配力量，你提起它使我想起
自己过去相信过。现在我们必须从头做起，找出另外一种说法来
说服我，让我相信一个人死时他的灵魂并不跟他一同消灭。请你
务必给我说一说，苏格拉底是怎样接着讲的，他是也像你说的那些
人那样表现出某种不安，还是安安稳稳地为他的说法辩解。他的 E
辩解成功吗？请你尽可能精确地告诉我一切情节。

斐洞：艾克格拉底啊，我一向敬佩苏格拉底，可是从来没有像
那时那样佩服他。他准备好回答，也许是意料得到的事；但是使我 89A
对他大吃一惊的首先是他以愉快、和蔼、可敬的态度倾听了年轻人
的批评；其次是他很快地觉察到他们的话对我们产生的作用；第三
是他用来治疗我们创伤的那种技术使我们恢复了分散的力量，鼓
励我们跟他一道进行研究。

艾克格拉底：他是怎样办的呢？

斐洞：我会告诉你的。我靠着他的床坐在右手边一张小凳上，
他的座位比我高好多。他摸着我的头，把我项后的头发挽在手里 B
（他有时有玩我头发的习惯），说："斐洞啊，明天也许你会把这好看
的头发剪掉了。"

我说："我大概会这样做，苏格拉底。"

"要是你听我的话，就不这样做了。"

我说："那我怎么办呢？"

“你可以今天把它剪掉，我也把我的剪掉，如果我们的说法死了而我们又不能使它复活的话。如果我是你，而且把那个说法丢
C 掉了，我就会发誓像阿尔戈[①]人那样，不重新发动战斗，战胜辛弥亚和格贝的说法，就不再留头发。”

我说：“可是据说连大英雄赫拉格勒[②]也不跟两个人斗。”

“那你最好叫我当你的伊沃劳[③]，在天还亮的时候。”

我说：“那我就请你帮助，这不是赫拉格勒叫伊沃劳，而是伊沃劳叫赫拉格勒。”

他说：“都一样。不过首先我们要防备一种危险。”

我说：“哪种危险呢？”

D 他说：“厌恶论证的危险，就像有人厌恶人类那样；因为一个人最坏的毛病就是厌恶论证。厌恶论证是跟厌恶人类出于类似的原因的。厌恶人类是由于并无充分认识就盲目信任某人。你认为这人是完全真实、可靠、可信的，后来却发现他下流、虚伪。然后你又
E 对另外一个人得到同样的认识。这样久而久之，先是把某人看成推心置腹的朋友，然后是连续不断的争吵，于是对人人都发生厌恶，认为人人都没有真心。你注意到这一点没有？”

我说：“确实是这样。”

他说：“那不是很出丑吗？难道不很清楚，这样一个人企图处理人与人的关系，却并不知道人的本性？因为他如果有这种认识，
90A 在跟人打交道的时候就会想到好人坏人都很少，大多数人是中间

① 'Αργος，城邦名。阿尔戈人对斯巴达战败失地，发誓不复故土不留发。

② 'Ηρακλῆs，最著名的大力勇士。

③ Ιόλαοs，赫拉格勒的外甥，跟他做帮手。

状态的，这才是实情。”

“你这是什么意思呢？”

他说：“我的意思跟说大和小是一样的。你有没有想到最困难的是找出很大的或很小的人、狗或其他动物，或者找出很快或很慢、很丑或很美、很白或很黑的人？你有没有注意到在这些例子中间极端的情况是很少见的，而处于两极端之间的中间实例却非常之多？”

我说：“确实是这样。”

他说：“你是不是想到，如果要比赛邪恶，那表现得非常特出的 B
也是很少的？”

我说：“大概是。”

他说：“对了，大概是这样。不过在这一方面论证跟人不大一样。我只是在讨论中跟随你的引导。类似之点就在于：一个人对于论证并无确切认识时相信某一论证正确，后来认为它是错的，不管它实际上是不是错了，如此反复多次。然后你知道，那一些人，特别是那些曾经花费时间进行争辩的人，终于相信自己比任何人 C
都聪明，以为只有自己发现一切事物中间，不管是论证中间还是别的事情中间，都没有可靠的成分，一切都是忽上忽下，好像欧黎波[①]海峡里的浪潮一样，没有任何东西在任何时候是稳定的。”

我说：“的确如此，你说得很对。”

他说：“裴洞啊，假定有某种论证是真实、可靠、可以学习的，如果有人由于见到有些论证似乎有时正确有时错误，却并不责备自 D
己，责备自己缺乏技能，一生气就把责任干脆归给那些论证，把它

① Εὔριπος，希腊东边的海峡，峡中潮水每日涨落多次。

们厌恶、辱骂一辈子，放弃认识实在真相的机会——那就糟了。”

我说：“宙斯在上，那可糟了。”

他说：“我们首先要谨防这种毛病，别让自己心里以为论证是
E 根本不可靠的。我们应当反过来承认自己还不可靠，必须果断地努力使自己变成可靠的，你们这些人要为自己的未来生活着想，我要为即将到来的死着想；因为此刻我还很担心自己对这个特殊问
91A 题不是持哲学的看法，而是挑挑剔剔，跟没有教养的人一样。他们谈论一件事的时候并不关心其中的真实情况是什么，只热衷于使自己的看法在听众心目中有分量，显得真实可靠。我想我现在跟他们的不同仅仅在于：我并不热衷于使自己所说的话在听众心目中显得真实，以为那是次要的事，主要的是使我自己相信它。你
B 看，亲爱的朋友啊，我这态度多么自私。如果我的说法确实是真的，相信它就是对的；如果我死后什么都没有了，我在这最后的时候对同伴们哭哭啼啼就是毫无意义的。我这份愚昧无知不会长久，它是一种罪恶，就要结束的。”

他说：“辛弥亚和格贝啊，我就是本着这个精神来准备讨论的。你们如果听我的话，就少想苏格拉底，多为真理着想吧；你们如果
C 认为我说的真实，就同意它，如果认为不真实，就用自己提出的一切论证来反驳我。不要同情我，听任我欺骗自己并且欺骗你们，像蜜蜂似的叮你一口就飞跑。”

他说：“我们还是来工作吧。首先要请你提醒我一下，如果发现我记性不好的话。我想，辛弥亚是有一些怀疑的，他担心灵魂尽管比身体神圣、崇高，却会先损坏，因为它是一种和谐。而格贝啊，
D 我想你是承认灵魂比身体持久的，却说谁也不知道灵魂穿坏许多

身体之后是不是最后在离开身体时消灭掉;并且说死就是灵魂的损坏,而身体是连续不断地在损坏的。辛弥亚和格贝啊,我们必须考虑的是这些点吗?”

他们两个都同意就是这些点。 E

他说:“那你们是否定我们以前的全部论证呢,还是只否定其中的一部分?”

他们说:“只是其中的一部分。”

他说:“我们有一个说法,认为学习就是回忆,因此我们的灵魂在囚进身体之前必定已经在某处——你们对这个说法怎样看?” 92A

格贝说:“我当时对此深信不疑,到现在还比相信其他说法更加坚定。”

辛弥亚说:“我也跟他一样,要是说我对此有不同的想法,那就奇怪了。”

苏格拉底说:“特倍的朋友啊,你如果坚持你的意见,以为和谐是个复合体,灵魂是由一些在身体里面像琴弦似的绷着的成分构成的和谐,那你就必定有不同的想法。因为那样看你肯定不会同 B
意你自己的说法,不能主张那复合的和谐先于组成它的那些成分了。你愿意这样吗?”

他说:“我当然不愿意,苏格拉底。”

“你难道没有注意,你说灵魂在进入人形和肉体之前就已经有了,而它是由那种还没有的东西组成的,不就是这个意思吗?因为和谐与你给它打的比方很不一样,琴、弦和声音是在并不和谐的状况下产生的,和谐是最后产生并且最先消灭的。你怎么能使你的 C
说法与那种情况和谐合拍呢?”

辛弥亚说："我根本不能。"

"可是任何说法都应当与关于和谐的说法和谐合拍。"

辛弥亚说："当然应当。"

他说："可是这两种说法是并不和谐的。现在你愿意选择哪一种呢？是宁愿要'知识即回忆'，还是要'灵魂即和谐'？"

他说："我肯定要'知识即回忆'，苏格拉底。因为'灵魂即和
D 谐'是我想到的，并没有证明，只是看起来很像，很有吸引力，因此有很多人主张这种说法。我觉得那些仅仅根据'很像'来证明的说法是靠不住的，如果我们不防备，它们会大大地欺骗我们，在几何学里是这样，在别的范围里也是这样。然而那种关于回忆和学识的理论却是通过可靠的论证建立起来的。因为我们同意我们的灵魂早在进入身体之前就存在着，作为一种号称'是者'[①]的实体。
E 现在我深信自己接受这种实体是有充分、正确的根据的。因此我不能根据我自己的想法，或者根据某某人的想法接受'灵魂即和谐'的说法。"

苏格拉底说："辛弥亚啊，这是对于灵魂的另外一种看法。你
93A 认为和谐或其他复合物能够处在一种异于其成分的情况中吗？"

"我不这样想。"

"和谐既不能行使、也不能承受它的成分所行使或承受的吗？"

他表示同意。

"那么，和谐就不能控制它的成分，只能听从成分指挥啰。"

他点头。

① ὅεστιν，即"那个是的东西"，英文可译作 that which is。

"一种和谐就完全不能推动、制造声音，或者做出某种跟它的组成部分相反的事情啰。"

他说："完全不能。"

苏格拉底说："每一种和谐之所以本性上是和谐，不是根据它是和合而成的吗？"

辛弥亚说："我不懂。"

苏格拉底说："如果和合的程度深、范围广（假如可能的话），它
就是比较完全的、比较强的和谐；如果和合的程度比较不完全、范 B
围比较狭窄，它就是比较不完全、比较差的和谐。不是吗？"

"当然。"

"灵魂也是这样吗？是不是一个灵魂在很小的程度上跟另一个灵魂有深度、广度的不同？"

他说："根本不是这样。"

苏格拉底说："请密切注意。宙斯在上，我们说一个灵魂是理
智、道德的，因而是好的，另一个灵魂是愚蠢、邪恶的，因而是坏的，
对不对？" C

"对的。"

"那些主张灵魂是和谐的人会怎样说灵魂中有美德和邪恶呢？他们会不会说这是另外一种和谐和不和谐，那个本身是一种和谐的灵魂包含着另外一种和谐，而另一个灵魂是不和谐的，并不包含另外一种和谐？"

辛弥亚说："我说不上，可是那些持那种主张的人显然会说这一类的话。"

苏格拉底说："可是我们同意一个灵魂跟另一个灵魂并没有程 D

度的差别;这就等于同意一个和谐跟另一个和谐并没有深浅、广窄的不同。是不是呢?”

“就是。”

“那既不多些也不少些的和谐,是和合得既不多些也不少些的。是不是?”

“就是。”

“可是那和合得不多也不少的,是具有较多或较少的和谐,还是具有等量的和谐?”

“等量的。”

E “那么,一个灵魂既然跟另一个灵魂并无程度的差别,就是不多不少地和合的啰。”

“就是。”

“那就不能有较多的不和谐或和谐啰?”

“不能。”

“那么一个灵魂也就跟另一个灵魂一样,不能有更多的邪恶或美德,因为邪恶是不和谐的。美德是和谐的。是不是?”

“就是那样。”

“那么说精确点,辛弥亚啊,就是没有一个灵魂会有任何邪恶,
94A 因为灵魂就是一种和谐,如果和谐是完全和谐的,就不能有任何不和谐的部分。”

“当然不能。”

“那么,灵魂既然完全是灵魂,就不能有任何邪恶的部分。”

“如果我们说得正确的话,那怎么能呢?”

“根据这个论证,如果所有的灵魂都是天生平等的话,那就一

切生物的灵魂全都同样好了。”

他说：“看来是这样，苏格拉底。”

苏格拉底说：“你认为如果‘灵魂即和谐’这一理论正确，以上 B
的说法就是可靠的，我们的推论就会得出这结论吗？”

他说：“一点都不。”

苏格拉底说：“在一个人的各部分中，你是不是认为除了灵魂以外还有某个统治的部分，如果它是聪明的话？”

“不，我不这样想。”

“它认可身体的感觉，还是反对这些感觉呢？我的意思是说，身体很热很渴的时候，灵魂不是反对它，不让它喝水，很饿的时候不让它吃东西，我们不是看见灵魂以无数种其他的方式反抗身体吗？”

“确实如此。” C

“我们在前面的讨论中不是同意过，认为如果它是和谐，那就绝不能发出一个音跟它的组成部分的紧张、松弛、震动等情况不一致，只会服从它们，绝不会领导它们？”

他说：“是的，我们确实同意过。”

“可是现在我们却发现，灵魂的作用恰恰与此相反，它领导着那些据说组成了它的成分，在我们一生中几乎事事都跟它们对着
干，以各种方式压制着它们，有时行使着苛刻痛苦的惩罚（体育训 D
练和医疗中的惩罚），有时行使着比较温和的，有时雷厉风行，有时训斥警告，总之，对感情、欲望、恐惧讲话，就好像它跟它们不相干、它们跟它不相干似的。荷马在《奥德赛》[①]里谈到奥德赛时就说：

① 《奥德赛》，XX，17 以下。

他捶打自己的胸脯，谴责自己的心道：
心啊，忍受比过去更大的痛苦吧。

E 你料想他写这诗句的时候是把灵魂想成和谐，以为它受身体状况的摆布吗？其实他是把它看成适于摆布和支配身体状况，比和谐要神圣得多的。”

“宙斯在上，苏格拉底啊，我是这样想的。”

“好人啊，由此可见我们绝没有理由说灵魂是和谐，因为那是
95A 违背神圣的诗人荷马的，也是违背我们自己的。”

他说：“是这样。”

苏格拉底说：“很好，现在我们相当成功地取得特拜女神哈尔谟尼娅①的谅解了；可是，格贝呀，我们用什么说法才能博得加德谟②的青睐呢？”

格贝说：“我想你会找到一种办法的。你提出来的这种反对和谐的说法大大地超出了我的期望。辛弥亚说出他的困难的时候，
B 我不知道是不是有人能反驳他的论证；因此我大吃一惊，他的论证居然不能抵抗你的第一次打击。如果加德谟的说法遇到同样的命运，我是不会吃惊的。”

苏格拉底说：“好人哪，不要吹牛，以免授人以柄，搞垮以后的论证。这是掌握在神的手心里的。我们还是用荷马的方式挑起战斗，来试试你的说法是否有效吧。你所追求的，在我看来主要就

① Ἁρμονία，即和谐女神。

② Κάδμος，哈尔谟尼娅的丈夫。

是：要求证明我们的灵魂是不灭的、不死的，其所以如此，是因为哲
人临死的时候泰然自若，认为自己死后会在另一个世界里按照哲 C
学活得非常出色，胜于今生的生活方式，而且他的这种泰然自若确
系真知灼见，绝非出于盲目无知。虽然我们指出灵魂非常有力，很
像神灵，存在于我们这些人生而为人之前，你却说这一切都不能证
明灵魂不死，只足以说明灵魂在我们生前度过了很长时间，并且在
某处存在了很久很久，知道各种事情，做着各种事情，然而这根本
不是不死，它进入人的身体就是分解的开始，好像得了一种病，今 D
生活在劳瘁之中，最后在所谓死的时候消灭了。你还说，灵魂进入
身体一次或多次，对于我们个人的畏惧来说是没有区别的。一个
人如果不知道、不能证明灵魂是不死的，就一定要怕死，除非他是
个傻子。格贝啊，我想这就是你的意思。我把它复述一遍，目的在 E
于使任何东西都不至于遗漏掉，如果你愿意的话，你可以加上一点
或者去掉一点。”

格贝说：“我现在没有意思去掉或加上什么，我的想法你都表达了。”

苏格拉底停下来思索了一会儿，然后说：“格贝啊，你追求的不
是一件小事；因为产生和消灭的原因必须全面考察到。如果你想
听的话，现在我可以把我在这方面的经验告诉你。如果我说的你 96A
认为有点用处，你可以用它来解决你的困难。”

格贝说：“我当然希望听。”

苏格拉底说：“你听着，我来告诉你。格贝啊，我小时候非常想钻研那门称为自然研究的智慧。我想这是一件愉快的事情，可以知道每一事物的原因，知道每样东西为什么产生，为什么消灭，为

B 什么存在。我一直在反复琢磨这样一些问题：是不是像有些人说
的那样，热和冷通过一种发酵作用产生出动物的组织？我们是用
血，还是用气、火来思想的吗？是不是并非这些，是脑子提供出听
觉、视觉和嗅觉，从这些感觉产生出记忆和意见，再从静态的记忆
和意见产生出知识的？我又试着找出这些事物是怎样消灭的，观
C 察天和地的现象，直到最后我认定自己完全不适于进行这类研究。
我要给你提出充分的证明，来说明我为什么得出这个结论。我被
那些研究搞得简直是头昏眼花，以至于失掉了自己和别人原来具
有的知识；我忘掉了自己从前曾经以为知道的许多事情，连人生长
的原因都忘了。我以往曾经以为人人都知道，人是由于吃喝而生
D 长的；因为从人吃的食品中，肉加到人肉上面，骨头加到人骨头上
面，合适的东西加到人的每个别的部分上面，于是小块变成大块，
小人变成大人。这是我一直怀抱的想法。你看不是挺合理吗？”

格贝说：“是啊。”

“你再听着。我以为自己很有把握，看到一个大个儿站在小个
E 儿旁边，就说这人比那人高一头，这匹马比那匹马高一头；还有一
些比这更清楚的，例如我认为十比八大，因为有二加到八上了。还
认为二尺比一尺长，因为它的长度超过了一尺。”

格贝说：“那你现在对此怎样看呢？”

他说：“宙斯在上，我再也不认为自己知道这些事情的原因了，
我甚至于不敢说，在一加一的时候，是被加的一还是所加的一由于
97A 这一加变成了二。我觉得很奇怪，怎么把这两个一分离开来，它们
就都是一，都不是二；把它们放到近处，这一放就是它们变成二的
原因。我也想不通，怎么把一分开，这一分就使它变成了二；因为

这是跟前面造成二的原因相反的；因为前面造成二是由于把一跟 B
另外一个一挪近或者加上，现在造成二是由于把一跟另外一个一挪远或者分开。我就不再相信自己用这种方法能知道一个人是怎样产生的，或者知道某物是怎样产生、消灭或者存在的了，我不再承认这种方法，而是有一种我自己的模模糊糊的办法了。

“后来有一天听见一个人说从一本据说是阿那克萨戈拉[①]所
写的书里看到，是‘心灵’[②]安排并且造成万物的。我很喜欢这种 C
关于原因的说法，觉得说心灵是万物的原因多半是对的，心里想如果是这样，心灵在安排事物的时候就会把每件事物都安排得恰到好处。如果有人要想发现某个特殊事物产生、消灭或存在的原因，
就必须找出哪类存在、哪种被动状态、哪种主动状态对它最好。因 D
此，在那件事物方面，以及在其他事物方面，一个人需要考察的无过于什么是最好的、优良的；这样，他也就必然会知道什么是比较差的，因为认识好和坏的是同一个知识。考虑到这些事情，我就很高兴地认为，我在阿那克萨戈拉身上找到了一位老师，他使我在事物的原因方面大大开窍；我想他会告诉我大地是扁的还是圆的，然
后进而说明它的原因和必然性，告诉我最好者的本性，以及大地为 E
什么这样最好；如果他说大地在中央，就会接着指出它在中央最
好；如果把这些事情给我说清楚了，我就决心不再求问什么别的原 98A
因了。我认定自己像这样就会弄明白日月星辰，知道它们的相对速度、运转情况以及其他变化，并且知道它们各自的主动、被动情

① 'Αναξαγόρας.

② νοῦς.

况都是最好的。因为我绝不能想象，他说它们出于心灵的安排，同
时又会给它们说出另外的原因，不说因为这样对它们最好。所以
B 我认为他给每件事物以及一切事物说出原因的时候，会进而说明
什么对每件事物最好，什么对一切事物都好。我认为我的这些希
望有非常之高的价值，所以热切地把书弄到手，尽可能快地阅读，
认为自己可以尽可能快地知道什么最好、什么最坏。

“可是，朋友，我这个辉煌的希望很快就在我心里破灭了。我
进行阅读的时候，看到这个人并不用‘心灵’，并不用任何真正的原
C 因来安排事物，只是提出气、清气[①]、水以及其他莫名其妙的东西
当作原因。我觉得这好像是先说苏格拉底用心灵做他的一切事
情，然后在试着给我的某件事情说出原因的时候却说，我现在坐在
这里是由于我的身体由骨头和筋腱组成，骨头是分成一节一节的，
D 筋腱可以收缩伸张，由肌肉和皮肤把它包裹着放在骨头上，骨头由
韧带连着，筋腱伸缩使我能够把肢体弯着，这就是我弯着腿坐在这
里的原因。同样情形，他会说嗓子、空气、耳朵以及无数这一类的
东西是我们彼此谈话的原因，而不提那真正的原因，即雅典人认定
E 把我判刑是最好的，因此我认为坐在这里最好，留在这里服他们给
99A 我判的刑是正当的。可是，凭天狗说，我想我这身骨骼筋腱可以早
就到了枚伽拉[②]和博优底亚[③]附近，被一种关于何者最好的意见带
到了那里，如果我不认为服国家所处的刑罚不好、不公正，不如越
B 狱逃跑为佳的话。可是把那类东西称为原因是很荒唐的。如果有

① αἴθρα，希腊人把大气分为两层，月亮以上的叫清气，译为“以太”。

② Μέγαρα，希腊城邦。

③ Βοιωτία，希腊城邦。

人说我要是没有骨头筋腱之类就不能做出我认为恰当的事情，那是对的。可是说这些东西是我行动的原因，说我凭‘心灵’行事却不根据对最佳者的选择，那就是完全没有根据的无稽之谈了。这样说的人是不能作出区别，不能看清实际上原因是一回事，使原因起作用的条件是完全另外一回事。所以在我看来，很多人在把原因的名字给予条件的时候，是在暗中摸索，把不属于它的名字给予了它。因此有人认为地处在天底下，天绕着地旋转，也有人说地是一个扁平的槽，由空气在底下托着；他们却不去寻找一种力量使事物现在处在自己最好的位置上，也不认为这是有神圣力量的，却以 C
为自己能找出一个阿德拉[①]来，比它更有力、更不朽、更包罗一切，实际上他们并不想到‘好’这一包罗万象、团结一切的力量。现在我很乐意有一个人教我这样一个原因的本性，可是我却遇到了否定，自己又不能发现它，也不能从别人那里学到它，格贝啊，你是不是愿意我跟你讲讲我是怎样进行探索原因的第二次航行的呢？” D

他说：“我十分希望。”

苏格拉底说：“在这以后，我既然放弃直观‘是者’[②]，就认定必须小心谨慎，不要犯人们常犯的那种错误，在日蚀的时候瞪着眼望太阳。因为他们要想不毁掉眼睛，就只有从水里看太阳的影子，或者从别的东西看反光。我意识到那种危险，很怕用眼盯着事物或者用其他官能掌握事物会使灵魂变瞎。因此我认为必须求助于思 E
想，在思想中考察‘是者’的真相。也许我的比方不大精确，因为我

① Ἄτλαντα，希腊大力神。

② τὰὄντα，即“那些是的东西”，英文可译为 beings。

100A 绝没有意思说，一个通过思想研究'是者'的人从影子看实物，会比从生活实际看它们更清楚。然而我开始用的就是那种办法。我在每一场合中都认定一个我认为最强的道理①，凡是我觉得跟它相合的，不管是原因方面的还是别的方面的，就看成真的，凡是跟它不合的，就看成不是真的。不过我还要把我的意思更加清楚地告诉你，因为我认为你现在还不很懂。"

格贝说："宙斯在上，我确实不十分懂。"

B 苏格拉底说："我的意思是这样。这并不是什么新的意思，就是我一直在讲的那个意思，在前面的谈话中讲过，在别处也讲过。我要给你说明我一直研究的那个原因到底是什么，要回到我们常谈的那个话题，把它当作出发点，并且假定有那样一些东西，如美本身、好本身、大本身之类。如果你承认这一点，同意有这些东西存在，我

C 相信我就会给你说明原因是什么，就会向你证明灵魂是不死的。"

格贝说："你可以假定我同意，请讲吧。"

他说："那就看看你在下一步上是不是同意我。我想如果某某事物是美的，它之所以美并不是因为别的，只是因为它分沾了美本身；别的事情也都是这样。你同意这种对原因的看法吗？"

格贝说："我同意。"

他接着说："我还不了解、也看不出什么别的巧妙原因。如果

D 有人跟我说，使一件事物美的是它的美的颜色、形状之类，我是不予理睬的，因为这些东西把我搞糊涂了，我只是直截了当，甚至愚蠢地主张，使它美的仅仅是美本身在它身上出现，或跟它发生联系

① λόγος.

（你爱怎么说都行），不管是怎样联系上的。我对事情发生的方式不作任何肯定，只坚持一条：一切美物之所以成为美的，是由于‘美’[①]。因为我认为这是我能给自己或别人作出的最稳妥的回答，如果我很快地抓住了这个，我想是绝不会被人驳倒的，我相信不管是我还是别人，作出‘美物之所以美是由于那个美’的回答，是 E
很稳妥的。你同意吗？”

“我同意。”

“大的东西之所以成为大的、比较大的东西，是由于‘大’，较小的东西之所以成为较小的，是由于‘小’？”

“是的。”

“如果有人跟你说，一个人比另一个人大些或小些，是由于一个头，你可不要接受这个说法，你要坚持只说每一个较大的东西之所以比另一个东西大些不是由于别的，只是由于那个‘大’，较小的 101A
之所以小些是由于那个‘小’。我想你如果说一个人比另一个人大些或小些是由于一个头，恐怕会遇到反驳，因为照你的说法，首先，较大的大些、较小的小些就是由于同一个东西；其次，较大的人大些是由于一个头，而头却是小的，那较大的东西大是由于小的东西，岂非怪事。你害怕这个吗？” B

格贝笑着说：“是的，我害怕这种反驳。”

苏格拉底接着说：“那你就不敢说，十个比八个多是由于两个，两个是它多的原因了。你就会说十个之所以多是由于‘数’，由于它是较大的数；二尺之所以大于一尺，并不是由于‘一半’，是由于

① τῳ καλῳ，“美”指“美本身”或“美的相”。

‘大小’，是不是？因为你是会有同样的顾虑的。”

他说：“当然是这样。”

“如果把一个加到一个上，或者把一个分开，你就会避而不说这加或者分是两个的原因吧？你会大声疾呼地宣布，你认为任何
C 一件事物之所以能开始存在，无非是由于它分沾了它所固有的那个实体①，因此你只承认两个之所以存在的原因是分沾‘二’②，是两个的事物必定分沾‘二’，是一个的事物必定分沾‘一’③。你会不顾那些‘加拢’、‘分开’之类精巧的说法，把它留给更聪明的人去
D 解释。你会责怪自己没有经验，你会像你们说的那样，害怕自己的影子；所以你会坚守我们的稳妥说法，像我所说的那样回答问题。如果有人攻击这个说法，你会对他不加理睬，先不答复，要看看他那些推论是不是彼此一致；你要对这个说法作出说明的时候，可以先认定另外一个你觉得高一级的最好的说法，作为说明的根据，这样一层一层往上攀登，直到找出合适的为止。你不会把两样东西混到一起，像那些辩论家那样，大谈其根据和推论，想以此发现真情实况，因为那些人是根本不想、不关心实况的。他们聪明一世，
102A 纵然把一切都搅得一塌糊涂，还沾沾自喜；而你如果是哲人的话，我想是会像我说的那样做的。”

辛弥亚和格贝齐声说：“你说得对极了。”

艾克格拉底：“宙斯在上，裴洞啊，听得真过瘾。我觉得他把问

---

① οὐσία，即“是者”（ὄν），指“相”（ἰδέα，εἶδος）。

② δνάδος，即“二的相”，不是具体的“δύο”（“两个”）。

③ μονάδος，即“一的相”。

题说得惊人地明白，连一知半解的人都能懂。”

裴洞：“艾克格拉底啊，的的确确，在场的人也这样想。”

艾克格拉底：“我们这些不在场的人现在听了也是这样。底下是怎么说的呢？”

裴洞：“根据我的记忆，大家承认了上面这些之后，一致同意有
各式各样的‘型’[①]存在着，分沾这些‘型’的其他事物从各自分沾 B
的‘型’得到自己的名称。然后苏格拉底问道：如果你承认这一点，
那么，你说辛弥亚比苏格拉底大、比格贝小的时候，是不是指辛弥
亚身上有‘大’和‘小’呢？”

“是的。”

苏格拉底说：“可是你同意‘辛弥亚比苏格拉底大’这个说法并
不像字面上那样真实。因为辛弥亚比苏格拉底大并不是由于他之
为辛弥亚，而是由于他偶然具有的‘大’；他比苏格拉底大也不是由 C
于苏格拉底是苏格拉底，而是因为苏格拉底具有着那个跟他的
‘大’相比的‘小’。”

“对了。”

“而且，他比格贝小并不是由于格贝是格贝，而是由于格贝具有着那个跟辛弥亚的‘小’相比的‘大’。”

“对的。”

“那么辛弥亚之所以称为大的和小的，是在他处于两个人之间
的时候，他的个儿超过了一个人的‘小’，而另一个人的‘大’又超过 D
了他的‘小’。”于是苏格拉底笑着说：“我这话说得好像念法律文件

---

① εἶδος，就是 ἰδέα（相）。

似的,不过实际上说得并不错。”

辛弥亚表示同意。

“我这样说是希望取得你的同意。我认为很明显,不但‘大’本身绝不会既大又小,而且我们身上的‘大’也绝不会容纳‘小’,或者容许被超过。二者必居其一:要么是‘大’的反面‘小’向‘大’前进
E 时‘大’就逃跑或退缩了,要么是‘小’靠近‘大’时,‘大’就已经停止存在了。但是‘大’不会接受或容纳‘小’,那样一来它就变得异于它自己了。我既然接受了、容纳了‘小’,就仍然是过去那个小人;可是我身上的‘大’既然是大的,就不会弄得变小。同样情形,我们身上的‘小’绝不会变大,任何相反的对方也不会变成或者是它自
103A 己的对方。它在变化中要么离开,要么失掉它的存在。”

格贝说:“我觉得这是非常明显的。”

当时在场的人中间有一位(我不记得是谁了)说:“神灵在上,现在这个说法岂不是跟前面讨论中所接受的正好相反吗?前面是说:较大的生于较小的,较小的生于较大的,对立的永远生于它的反面。可是现在我觉得我们在说这是绝不能发生的事。”

苏格拉底把头歪过来听着。他说:“你的发言很有男子风度,
B 不过你没有看到现在这个说法跟我们以前所说的区别何在。我们以前说,在具体事物中,相反的生于相反的;现在我们说,相反者本身绝不会变成跟它相反者,不管是我们身上的还是我们周围世界上的。以前我们谈的是具有相反性质的、以此命名的事物,现在说的是那些相反者本身,其内在性质使事物得到名称 。我们说后面
C 这些相反者绝不能彼此相生。”

同时他又瞧着格贝说:“格贝啊,你对我们的某位朋友提出的

反驳感到麻烦吗?”

格贝说:“不,这回不;不过我承认反驳常常使我感到麻烦。”

苏格拉底说:“我们非常同意一个相反者绝不能是它自己的反面。”

格贝说:“完全同意。”

他说:“现在看看你是不是同意我以下的主张:是有一种东西你称为热,有一种东西你称为冷吗?”

“是的。”

“它们跟雪和火一样吗?”

“宙斯在上,完全不一样。”

“热是异于火的东西,冷是异于雪的吗?” D

“是的。”

“我想你是相信:雪如果容纳热(用我们以前常用的话来说),就不再是它的本相,即雪,而是温暖了,在热接近它的时候,它就或者往后退,或者停止存在了。”

“确实如此。”

“火也是这样,在冷接近它的时候,它就或者后退,或者消灭了。它绝不会容纳冷而仍然还是火,跟以前一样,它也凉了。” E

他说:“你说得对。”

苏格拉底说:“实际上,在某些这样的场合,不但‘型’本身可以时时刻刻保有同一名称,还有些别的事物,并不是‘型’,却在存在的时候始终具有‘型’的形相。也许我可以举几个例子把我的意思说清楚。在数目当中,奇数必定永远保有奇数这个名称,是不是?”

“当然。”

“不仅奇数称为奇数(这是我所要问的),还有别的东西,虽然
104A 不等于奇数,却可以在它原有的名称之外再加上奇数的名称,因为它的本性使它不能与奇数分开。我的意思是指三这个数目,此外还有很多别的例子。以三为例,你不是认为它永远可以称为三,也称为奇数吗?这三和奇数并不是一回事。然而三这个数目和五这个数目以及一般数目的一半,从本性上说都是奇数,虽然它们并不
B 等于奇数。同样情形,二、四以及数系中的另外一半,都是偶数,虽然它们并不等于偶数。你同意不同意?”

他说:“为什么不同意呢?”

苏格拉底说:“请你注意我所要说明的。我的要点是:看来很清楚,不仅那些相反者本身是互相排斥的,而且所有的那些虽非彼此相反却永远包含着相反者的事物,也都排斥那个与自身包含者相反的‘相’[1],那相反的‘相’逼近时,它们就消失或者退缩了。我
C 们必须承认,三这个数目只要还是三,就宁可停止存在或遭遇其他命运的摆布,而不能顺从地变化为偶数。是不是?”

格贝说:“当然是这样。”

“可是数目二并不是与数目三相反的。”

“不是。”

“那就是说:不仅相反的‘型’[2]接近时彼此排斥,而且有另外一些东西拒不容纳相反者接近。”

---

① ἰδέα.

② εἶδος,即“相”。

他说："你说得非常之对。"

苏格拉底说："我们能不能规定一下这些是什么呢？"

"当然应该这样做。"

苏格拉底说："格贝啊，这是不是那样一些东西：它们被某某 D
'相'所占有，被迫不仅采取自己的那个'相'，而且也采取另外一个相反的'相'？"

"你这话是什么意思呢？"

"是指我们刚才所谈的那样一些东西。你当然知道，三的'相'占有某些东西的时候，就迫使它们既是三又是奇数。"

"确实如此。"

"我认为，跟产生此结果的那个形相[①]相反的'相'是绝不能进入那些东西的。"

"绝不能。"

"产生这种结果的是奇数的'相'吗？"

"是的。"

"跟这相反的是偶数的'相'吗？"

"是的。"

"那偶数的'相'就绝不会进入三啰。" E

"不能。"

"换句话说，三是跟'偶'不相容的。"

"完全不相容。"

"那数目三就是非偶数啰。"

---

① μορφῇ，指"相"。

“是的。”

“我建议给那一类东西划定范围。它们虽然并不是跟某一相反者正好相反，却并不容纳它，譬如在现在这个例子里，三虽然并不是偶数的反面，却并不容纳偶数，因为三永远伴随着偶数的反
105A 面；二跟奇数，火跟冷，都是这样，诸如此类的事是很多的。现在请你看看是否接受这一个说法：不仅相反者不会容纳其反面，如果有一样东西伴随着一个有反面的‘相’，而且遇到了那个反面，这个东西是绝不容纳它所伴随的‘相’的反面的。现在我再重温一下我的记忆，一件事情多听几遍是没有害处的。五不会容纳偶数的‘相’，五的两倍十也不会容纳奇数的‘相’。两倍有它自己的反面，同时
B 也不会容纳奇数的‘相’；一又二分之一和其他带分数，以及三分之一和其他简单分数，也不会容纳整数的‘相’。你同意我这个说法，跟我一道走吗？”

他说：“我完全同意，跟你一道走。”

苏格拉底说：“那就请你再从头开始。请不要用问题中的词句来回答，照我的样子做。我在我原先说的那个稳妥答案之外提出一个答案。我发现了另外一种稳妥回答，是从刚才说过的话里推出来的。如果你问我是什么东西使物体中产生热，我会给你作出
C 那个稳妥而愚蠢的答案，说那是‘热’，但是我现在可以给你一个比较机灵的答案，说那是火。如果你问我是什么东西在身体里造成病，我会不说‘病’而说炎症。同样情形，如果你问我是什么在数目里造成奇数，我会不说‘奇’而说单。诸如此类。你是不是把我的意思充分了解清楚了？”

他说：“我了解得很充分。”

苏格拉底说："那就请你告诉我，是什么东西在身体里使它活起来的？"

他说："是灵魂。" D

"总是这样吗？"

他说："当然。"

"灵魂占有一个形体的时候，总是带来生命吗？"

他说："是的。"

"有没有什么东西跟生命相反？"

他说："有的。"

"是什么呢？"

"是死亡。"

"根据我们在前面同意的说法，能推出灵魂绝不会容纳它所伴随的东西的反面吗？"

格贝说："肯定不会。"

"那不容纳偶数的'相'的，我们叫它什么？"

他说："叫非偶数。"

"那些不容纳公正和教养的呢？"

他说："叫不公正和无教养。" E

"那不容纳死亡的，我们叫它什么？"

他说："叫不死。"

"灵魂不容纳死亡吗？"

"不容纳。"

"那灵魂就是不死的。"

"不死的。"

苏格拉底说:“很好。我们能说这已经得到证明吗?”

“非常满意的证明,苏格拉底。”

苏格拉底说:“那么,格贝啊,如果非偶数是必然不灭的,三会

106A 不会不灭?”

“当然会。”

“还有。如果不热的是必然不可消灭的,你让热跟雪发生冲突的时候,雪会不会完完整整地、并不融化地退走?因为雪既不能被消灭了,也不能仍然在那里容纳着热。”

他说:“你说得对。”

“我想,同样情形:如果不热的是不可消灭的,某件冷东西接近火的时候,就也是绝不会消失或泯灭的,它会安然无恙地离去。”

他说:“必然是这样。”

B 苏格拉底说:“对不死岂不是也可以这样说吗?如果不死的是不可消灭的,灵魂在死亡来临时就不可能消失。因为就像我们的论证指出过的那样,灵魂不会容纳死亡,也不会死去,正如三不会是偶数,奇数不会是偶数,火中的热不能是冷的一样。可是有人会说,奇数在接近偶数的时候(这是我们同意的),为什么不可能变成偶数,

C 而是消失不见,由偶数取而代之?我们无法让提出问题的人闭口不言,他们说奇数是并不消失的,因为它不可消灭。如果让我们一步,我们就很容易地说:在接近偶数的时候,奇数和三就退隐了、离去了。我们也可以同样地说火和热等等也是这样,是不是?”

“确实如此。”

“不死的情况也是这样。如果退让一步说,不死的就是不可消失的,灵魂就既是不死的,也是不可消失的;如果不是这样,那就需

要进一步论证了。” D

他说：“就这一点来说，并没有那种必要。因为，如果不死的、永存的是可以消失的，就没有什么会免于消灭了。”

苏格拉底说：“我想人人都会同意，神和生命的‘型’本身，以及其他一切不死者，都是永远不会消灭的。”

他说：“人人都会同意，而且我想，连神灵也都同意。”

“既然不死的也是不可毁灭的，灵魂如果是不死的，岂不也是 E
不可消灭的吗？”

“必然如此。”

“一个人临死的时候，他的会死的部分看来是死了，那不死的部分却安然无恙地、完整无缺地离开了，从死亡那里退隐了。”

“看来是这样。”

苏格拉底说：“所以，格贝啊，确确实实灵魂是不死的、不可消 107A
失的，我们的灵魂会存在于另一个世界的某处。”

格贝说：“我对此没有什么反对意见可说，我不怀疑你的结论。至于辛弥亚或者哪位别人，如果有话说的话，就直说吧。我认为如果在这方面愿意说说或者听听的话，最好现在就说，这比什么别的时间都好。”

辛弥亚说：“我可看不出自己怎样能够对讨论的结果有所怀
疑；可是问题很大，我对人的软弱有那么一点微不足道的意见，心 B
里未免对于说过的那些话有一点怀疑。”

苏格拉底说：“辛弥亚啊，不但如此，对我们那些最初设定的东西也应该作出比较仔细的考察，虽然它们在你看来是确定的。你如果对它们做了全面分析，我想就会遵从、同意这个论证，因为这是人所能办到的。如果把它弄清楚了，你就不会穷追了。”

他说：“你说得对。”

苏格拉底说：“可是，我的朋友，我们应当牢牢记住，如果灵魂
C 是不死的，我们就必须关怀它，不但关怀它的这一段称为今生的时间，而且关怀它的全部时间；如果我们忽视它，现在看来是有很大危险的。如果死就是摆脱一切，那对于坏人是一大鼓励，因为他们死时就既摆脱了身体，也把邪恶连同着灵魂抛到九霄云外了。可是现在既然把灵魂看成不死的，它要想远离罪恶而得救，就没有别
D 的办法，只有变得尽可能善良明智才行。因为它带到另一个世界的只有教育和训练，这两样东西据说有很大的意义，可以在新亡者进入彼世的开始就大大地造福或贻祸于他。据说在死后，那个在生时充任一个人的守护者的精灵把他领到一处集合亡灵的地方，让他受到审判，然后向另一个世界进发，由引导者陪伴着，从今生
E 来到彼世；亡灵们在那里得到自己应得的报应，并且停留了指定的时间之后，有另一位引导者经过若干段长长的时期又把他们领回来。这旅程并不像艾斯区洛[①]的剧中人德勒颇[②]所说的那样，因为
108A 他说是一条坦途通往下界，而我认为这条路既不平坦也不单纯，要不然就不需要引导者，一个人在只有一条的路上是不会迷路的。实际上岔路很多，而且迂回曲折，这是我根据地上举行的仪式繁多推出来的。那规规矩矩的、明智的灵魂跟随着引导者，很明白自己的处境；可是那耽于肉欲的灵魂却像上面所说的那样窜上窜下，在

---

① Αἰσχύλος，悲剧诗人（公元前525—前456）。

② Τήλεφος，见 Αἰσχύλος 残篇 239。

可见的世界上徘徊很久，反复抗拒，尝尽苦头，才被那专门管它的 B
精灵用暴力勉强带走。在到达其他灵魂的集合处时，那做过坏事
的不洁灵魂，由于犯了蓄意杀人罪，或者同类灵魂所做的其他恶
行，被大家另眼看待，不与往来，只能独自彷徨于困境之中，经过一
定的期间，才被赶到适合它居住的地方。至于那一生纯洁正直的 C
灵魂则发现有神灵做伴侣和向导，各自前往其应有的归宿处。大
地上有许多奇妙的区域，大地本身在大小和其他方面也不像那些
谈天说地的人所想的那样，我只是相信某些人的权威说法。”

辛弥亚说：“你这是什么意思呢，苏格拉底？我自己也听到过 D
不少关于大地的事情，就是没听过你所相信的这一种，所以我很愿
意听听。”

“辛弥亚啊，我想我并不需要有葛劳果[①]的技艺来述说它。不
过要证明它所讲的就是真相，我想就是有葛劳果的技艺也很难办
到，我也许是没有能力办的。而且，即使我有这个本事，辛弥亚啊，
我想在讨论结束之前我的生命就要完结了。不过尽管如此，这并不
妨碍我说说我的信仰，我可以谈谈大地是什么样子，有哪些区域。” E

辛弥亚说：“那就够了。”

苏格拉底说：“我相信，首先，如果大地是圆的，位于天的中央，
那就既不需要空气、也不需要别的类似力量支持它不掉下去，它自 109A
己的均衡和各方面天体的齐一就足以维持它的位置不变；因为一
个自身均衡而又位于齐一者的中央的物体，是不能改变它的各方
面倾向的，只会永远留在同一地点。这就是我所相信的第一点。”

① Γλαύκος，初为渔夫，因食仙草化为神，熟知海道，为航船导航。

辛弥亚说："很对。"

苏格拉底说："第二，我相信大地是很大的，我们在赫拉格勒
B 柱[①]和帕息河[②]之间，生活于海滨一隅之地，好像蚂蚁和蛙类生活
于池畔，在许多别的地区还住着许多别的民族。我相信在大地的
各方有许多洞穴，形状和大小各不相同，汇集着水、雾和气；大地本
C 身是纯洁的，位于纯洁的星空之中，这星空被谈论这类事情的人称
为清气；水、雾和气是这清气的沉淀物，汇到大地上的那些洞穴中。
我们没有觉察到自己住在洞穴中，以为生活在大地的表面，正如有
人住在大洋深处，却以为住在海面，他通过水观看太阳和星辰，却
以为海是天，而且由于懒惰虚弱，从未到过海面，从未把头伸出海
D 面，到我们上层世界里看一看，从未听别的见过的人说过比他住的
世界更纯洁更美好的事。我相信这就是我们的情况；因为我们住
在大地的一个洞穴里，却以为住在大地的表面上，把气叫做天，以
为这就是星辰运行的天。可是实际上一样，我们也是由于懒惰虚
E 弱，不能达到气的表面；因为如果有人走到气的顶端，或者长着翅
膀飞到那里，他就能把头抬到气的上面去观看，就像鱼把头伸出水
面观看我们世界的事物那样，他就会看到上层世界的事物；如果他
的本性足够强壮，担当得起视觉，他就会认识那是真正的天、真正
110A 的光、真正的地。因为我们这个大地，以及各种石头和我们居住的
整个地区，都是损坏了的、腐蚀了的，就像海里的东西被盐水泡坏
了一样，没有一样比较像样的东西在海里生长，可以说那里没有一

① 即直布罗陀海峡。

② Φάσις，高加索以南河流，入黑海。

样东西是完善的，只有一些窟窿和沙子、一望无际的烂泥和污物，
也有土，却没有一样可以跟我们世界的美丽事物相比拟。可是我
们会看到，上面那个世界的事物要比我们这个世界的事物更加优 B
胜。辛弥亚啊，我可以给你们说个故事，谈谈天底下的大地上的事
物，以及这些事物像什么，是很值得一听的。”

辛弥亚说：“苏格拉底啊，我们是非常爱听这个故事的。”

苏格拉底说：“那就先说大地本身[①]吧，朋友。据说它从上面
看时好像一个由十二块皮子包裹的球，呈各种不同的颜色，我们在
这里[②]看到的颜色只是它们的摹本，像画家所画的那样。可是在
那里，整个大地是由那种颜色组成的，比我们这里的颜色要鲜明得 C
多，纯粹得多；因为有一部分是无比华美的紫色，有一部分是金色，
有一部分是白色，比粉或雪还要白，大地由其他各种这一类的颜色
组成，它们比我们所见到的数目更多，更加美丽。大地上那些充满
着水和气的洞穴也有一种颜色，在周围各种色彩中间闪耀着，看起 D
来好像一道连续的色带。这个大地上，各种发荣滋长的事物，如树
木、花草、果实之类，是成比例地比这里美丽的；山岳、石头也比我
们的光滑、透明、颜色可爱。我们高度珍视的宝石，如翡翠、玛瑙、
黄玉之类，都是那些石头的片断，那里的一切都跟宝石一样美，或 E
者更加美。其所以如此，是因为那里的石头处在自然状态，不像我
们这里的受到盐卤侵蚀，由沉渣构成，被雨水带到此处，造成大地
上各种石头、动物、植物中的丑陋和毛病。那里的大地装点着各种

① ἡγῆαὐτή，指“大地的相”。

② 指现实世界。

111A 珠宝，以及黄金、白银之类。因为这种宝物在那里举目可见，既多且大，到处皆是，所以谁见到这个大地就无比幸福了。那上面也有许多动物，也有人类，有些住在内地，有些住在气的旁边，就跟我们住在海边一样，还有些住在岛上，周围有气环绕，离大陆不远；总
B 之，我们这里的水和海，在那里就是气，我们这里的气，在那里就是清气。那里气候温和，所以居民无病，寿命比我们长；他们的视觉、听觉、智力等等都比我们优越，就像气比水纯粹、清气比气纯粹一样。他们有供奉神道的圣林和庙宇，神灵实际上居住在那里，他们
C 通过交谈、神示、玄想与神灵交往，他们看见日、月、星辰的本来面目，在其他一切方面他们也有这样的幸福。

"这个大地的整体及其周围事物的本性就是这样。在整个大地周围，在它那些洞穴中，有很多区域，有的比我们所住的洞穴又深又广，有的比我们的深却有比较窄的出口，也有些深度比较小而
D 广度比较大。这些洞穴都有地下通道连在一起，有窄的，也有宽的，通过它们，有大量的水从一个盆地流到另一个盆地（一些巨大的冷水和热水河流），也有火的通道，巨大的火河，以及许多泥浆河，有的稀薄些，有的浓厚些，例如西西里就有些河在熔岩来到前流着泥浆，后来就流着熔岩了。泥浆和熔岩遍布于若干地区，因
E 为相继发生过这类洪流。这种反复的运动为地下的震荡力所造成，其所以发生震荡，是由于大地有一道裂缝比其他的都大，而且
112A 贯穿整个大地，从一面直到另一面。这就是荷马所说的：

通到很远、很远处，那地下的深渊。[①]

① 见荷马：《伊利亚特》，VIII，14。

在别的地方他和其他诗人曾经把它称为鞑鞑若[①]。所有的河流都
流进这道裂缝，又从其中流出，每一条都获得了它流经的那一部分
大地的性质。其所以这些河流全都流进、流出此缝，是因为流动的 B
液体是没有底、没有根基的。因此它翻来覆去地震荡和汹涌，它附
近的气和风也是这样；因为它们向大地的一边流时，以及从那边往
回流时，都是跟随着液体，正像能呼吸的动物一呼一吸那样，风在
那里伴随着液体一出一入地造成了可怕的、不可抗拒的狂风怒潮。
水退到所谓低谷的区域时，就流进那里的河流，把它们填满，就像 C
用水泵打进去似的；水离开那个区域回到这一边时，就充满了这里
的河流；河川填满时，就经过通道，穿越大地，来到不同的途径通往
的各个地方，造成海洋、沼泽、河流和泉水。从那里它们又深入地
下，有的绕过许多大的区域，有的绕过少数小的区域，重新流进鞑 D
鞑若，那里有的地方比吸进点低得多，有的只低一点点，总之都比
入口低。有些河流进它们原来流出的那一边，有些河则流到相反
的一边；有些完完全全绕着圈子流，像蛇一样环绕大地一次或多
次，然后下降到尽可能深的低处，重新落入裂缝。从两边可以向中
心流去，却不能越过中心，因为那里的坡度很陡，形成壁垒。 E

“这些水流既多且大，各式各样，其中有四道最大。顶大的称
为渥格阿诺[②]，绕着圈子流淌；与此相反，流到相反方向的是阿克
戎[③]，穿过沙漠地带，流经地下，注入阿克儒夏湖[④]。很多亡人的灵 113A

① Τάρταρος.

② Ὠκεανός，即大洋。

③ Ἀχέρων，冥河。

④ Ἀχερουσιάς，冥湖。

魂都前往此湖，在那里停留一定的时间，有的长些，有的短些，然后
被送回世间，再生为生物。第三道水流淌在这二者之间，在离开发
源地不远处落进一个广大的区域，为大火所焚烧，形成一个比我们
的海[①]还大的湖，湖中有滚烫的泥浆翻腾。它从这里拖泥带水地
B 绕着圈子流淌，汹涌澎湃，行经另外一些地方，到达阿克儒夏湖边，
但并不与其河水相混。然后它翻腾多次于地下，到达鞑鞑若的下
层。这就是所谓毕里甫勒葛通[②]，从其中分出许多支流，向大地的
各处喷射着岩浆。在这道水流的对面，据说又流出第四道，首先流
C 过荒芜、可怕的地方，水色深蓝，好像碧琉璃。这就是所谓斯蒂克
斯[③]地区，由这道水流造成的湖称为斯蒂克斯湖。这道水流进入
这个地区，水中获得了可怕的力量时，就通过地下，沿着与毕里甫
勒葛通相反的方向绕行，与毕里甫勒葛通相会，走另一条路进入阿
克儒夏湖。这道水流的水也不与别的水相混，也绕着圈子流进毕
里甫勒葛通对面的鞑鞑若。它的名字据诗人说是哥句多。[④]

D “这些事物的本性就是这样。亡者各由其守护精灵引导到这
个地方，首先根据他在世的时候是否善良虔诚受到审判。那些被
判定生时不善不恶的，就前往阿克戎，搭乘为他们准备的船只来到
阿克儒夏湖；他们在那里住下来，涤除过恶，如果做过错事，则受罚
E 而得宽免，如果做过好事，也善有善报，一一按照功过处理。至于
那些看来不可救药的，由于犯了许多大罪，如渎圣、杀人以及其他

① 指地中海。

② Πυριφλεγέθον.

③ Στύξ.

④ Κωκυτός.

罪行，十恶不赦，则根据犯罪情节严重，投入鞑鞑若以为报应，永远不得翻身。还有一些被判定犯有大罪，但是还可以挽救，例如一时性起虐待父母，以后终身抱恨，或者在与此类似的情况下杀了别人 114A
之类，则必须投入鞑鞑若，在那里囚禁已达一年时由波涛涌出，杀人者取道哥句多，虐待父母者取道毕里甫勒葛通。他们被水流送到阿克儒夏湖的时候，就放声大哭，向过去自己所杀害或虐待的人呼喊，恳求他们宽恕，让自己进入湖中。如果感动了苦主，他们就 B
进入湖中，脱离苦难；如果苦主不许，他们又被投入鞑鞑若，回到那两条河里，如此反复，直到蒙受苦主原宥为止，因为这是法官判定的刑罚。至于那些被判定为终生虔诚的人，则从地下的这些区域释放，犹如出狱，上升到洁净的居所，住在大地的上面。还有那些 C
曾经用爱智的哲理把自己清洗得干干净净的人，从此以后就完全脱离肉体，过着纯粹的生活，进入更加美丽的居所，那里是很不容易描述的，何况现在时间不够，不能细讲了。

“辛弥亚啊，我们已经把这一切跟你们说清楚了，我们应该全力以赴地在生活中寻求美德和智慧。因为奖励是荣耀的，希望是巨大的。

“一个有识之士也不宜于断言我说的一点不差，不过在灵魂及 D
其居所方面，这些话大体上是对的，因为既然证明了灵魂是不死的，我们就可以而且值得大胆相信它，大胆是可贵的。我们可以利用这样一些讲法来激励自己，常常给自己念念这些咒语，因此我把这个故事讲了那么长。也正是因为这个缘故，一个人应当为自己的灵魂打气，在生活中拒绝肉体的快乐和奢华，以为这是身外物， E
对自己有害无利，而一心追求知识的快乐，不用外在的饰物打扮自

已的灵魂，只用它自己固有的东西来装点它，如明智、公正、勇敢、
115A 自由、真实之类，等待着离开今生前往另一世界，准备在命运召见时就去。辛弥亚和格贝啊，你们以后也会去的，各在各的时间；我现在已经准备好了，正像悲剧作家所说的那样，受到命运的召唤，我去沐浴的时候大概到了；因为我想最好在服毒之前沐浴，免得妇女们洗濯遗体的劳累。”

他说完以后，格黎东说：“苏格拉底啊，请你指点指点我们，说
B 说你的子孙和其他事情该怎么办，我们为你效劳。”

苏格拉底说：“格黎东啊，就是我一直说的那些话，没有新的。你们关心自己就是照顾我和我的家属以及你们自己了，怎么做都行，不一定要现在许愿；如果你们不关心自己，不愿意照我们现在和过去讨论过的道路一步一步前进，那就会一事无成，现在不管怎
C 样诚恳许愿都没用。”

格黎东说：“我们一定会照你说的尽力办的。可是我们怎样葬你呢？”

苏格拉底说：“你们爱怎么办就怎么办，把我抓牢不让跑掉就行。”然后温和地笑着，瞧着我们说：“我无法使格黎东相信，那个谈天说地、体察入微的苏格拉底就是我。朋友们，他认为我就是将要
D 死掉的人，问起怎么埋我！虽然我长篇大论地说过，我服毒之后就不再跟大家在一起，要去享受你们所知道的快乐和幸福，可是他似乎以为这只是鼓励大家、鼓励我自己的空话。所以我要请你们为我向格黎东担保，担保的内容与他向我的判案法官提出的相反，他担保我不会逃走，你们要担保我死时不会赖着不走，而要前往彼
E 世，使他对此比较宽慰，看到我的身体焚化或埋葬时不太悲痛，不

以为我受到可怕的待遇，在葬礼中可以不说自己在送走苏格拉底，或者跟他到坟墓，或者在埋葬他。因为，亲爱的格黎东啊，这些不恰当的说法不但本身不好，而且对灵魂有损。你们一定要鼓足勇
气说，你们埋葬我的身体，这样做你们认为最好、最合适。” 116A

他说这些话的时候，站起来走到另一个房间里去沐浴；格黎东跟着他，叫我们等着。我在等待的时候彼此交谈，讨论所听到的讲话，然后说到那行将降临到我们头上的巨大不幸，因为我们感到他好像我们的父亲，失掉他之后我们就要一辈子当孤儿了。他沐浴
完毕后，人家把他的孩子带来（他有两个小儿子，一个大的），他家 B
的妇女也来了，他当着格黎东的面跟他们谈了几句，做了一些指示，然后让妇女们出去，自己又走到我们这里来。这时候太阳快下山了，因为他在室内的时间比较长。他浴后爽快地坐下。以后他没说多少话，典狱官的仆人走进来站在他的旁边说：“苏格拉底啊，
我决不会像对待别人那样粗暴地对待你，因为他们在我奉令叫他 C
们服毒的时候总是发脾气咒骂我。我这些时候从各方面看到你是来到这里的最高尚、最和气、最善良的人，现在我知道你的脾气是对着别人，不是对着我的，因为你知道谁该受谴责。现在你知道我来的使命，再见吧，请你尽量顺当地完成对你的要求吧。”说完之后
他泪如泉涌，转过身走出去了。苏格拉底瞧着他说道：“再见吧，我 D
会照你说的做。”然后他跟我们说：“多好的人哪！自从我到这里来之后，他曾经一再地来看我，来跟我谈话，他是最善良的人，他为我流泪多么高尚啊！来吧，格黎东啊，我们服从他吧，毒药准备好了就叫人送来吧，要是还没备好就叫人准备吧。”格黎东说：“可是我
想，苏格拉底啊，太阳还在山上，还没落呢；我知道别的人都很晚才 E

服毒，在命令已经下达之后，还大吃大喝，有的还跟所爱的人盘桓。
你别忙，还有时间哪。”

苏格拉底说：“格黎东啊，你说的那些人那样做是很自然的，因
为他们认为那样做有利。可我不那样做也是很自然的，因为我相
117A 信自己迟一点服毒并不利。我如果贪图活命，锱铢必较，那只有在
我的眼睛里显得猥琐可笑，毫无实利可得。来吧，请满足我的要
求，不要拒绝。”

这时格黎东向站在旁边的仆人点头示意。仆人走出去，待了
很久，然后跟一个人走回来；那人是管毒药的，带来一杯备用的毒
汁。苏格拉底看见他的时候，就说：“我的好人啊，你是懂这些事情
的，我该怎么做？”他说：“没什么，你只要喝下毒药，来回踱步，直到
B 觉得两腿无力，然后躺下，毒性就发作了。”

这时他把杯子递给苏格拉底。苏格拉底接了，态度非常温和，
艾克格拉底啊，他一点都不发抖，颜色和表情都没有改变，像平常
那样睁着大眼向那人说：“我想从杯子里倒出一点儿来奠神[①]，你
说可不可以？”他说：“苏格拉底啊，我们只准备了够用的。”苏格拉
底说：“我懂了。但是我想我可以而且必须向神灵祷告，祈求去得
C 顺当；我现在做这个祷告，但愿得到允许。”他说这些话时就举杯到
唇边，爽快地、安静地一饮而尽。在这以前，我们中间多数人还能
控制自己，忍住自己的泪水；等到目击他举杯的举止，看到他服尽
毒药，我们就沉不住气了；为了不让自己泪如泉涌，我用大氅遮着
脸暗自饮泣；这并不是为他而泣，而是因为我不幸失掉了这样一位

① 信徒向神祷告，将杯中酒洒出少许，奉献给神。

朋友。格黎东在我之前站起来走出去，因为他不能制止泪珠了。D
阿波罗多洛原来一直在啜泣，这时悲痛得放声大哭，使大家都哀痛
欲绝，只有苏格拉底例外。他说："这是什么举动，你们这些古怪
人！我把妇女们送走，主要是为了不让她们做出这种荒唐事情；因
为我听说最好是安安静静地死去。请你们平静、勇敢。"我们于是 E
感到羞愧，止住了自己的泪水。他踱来踱去，说两腿沉重的时候就
躺下了，因为这是行刑者的嘱咐。管理毒药的人两手放在他身上，
过了一会儿就试探着他的脚和腿，然后捏出他的脚硬了，就问他有
没有感觉，他说"没有"；接着又问大腿怎么样，像这样逐步往上挪，
证明他在变冷变硬了。他又摸着他说，毒发时冷到了心，就完结 118A
了。这时已经冷到了大腿根，就把原来盖住的面部揭开，他就说出
他的最后一句话："格黎东，我们还欠阿斯格雷彪[①]一只公鸡。还了
这个愿，别忘了。"格黎东说："我就做，你还有什么别的话招呼吗？"
这话没有得到他回答，片刻之后他动了一下；行刑者揭开他的遮面
物，他的两眼定了。格黎东见此状就伸手把他的嘴和眼合拢了。

艾克格拉底啊，这就是我的朋友的末日。我可以说，在我们所认识的当时人中间，他是最善良、最明智、最公正的人。

① 'Ασκληπιός，医药神，也管毒药。

图书在版编目(CIP)数据

裴洞篇/(古希腊)柏拉图著;王太庆译.—北京:商务印书馆,2017
(汉译世界学术名著丛书:120年纪念版:珍藏本)
ISBN 978-7-100-14593-0

Ⅰ.①裴… Ⅱ.①柏… ②王… Ⅲ.①苏格拉底(Socrates前469—前399)—生平事迹 Ⅳ.①B502.231

中国版本图书馆CIP数据核字(2017)第152471号

汉译世界学术名著丛书
(120年纪念版·珍藏本)
裴 洞 篇
〔古希腊〕柏拉图 著
王太庆 译

商 务 印 书 馆 出 版
(北京王府井大街36号 邮政编码100710)
商 务 印 书 馆 发 行
北 京 冠 中 印 刷 厂 印 刷
ISBN 978-7-100-14593-0

2017年12月第1版 开本710×1000 1/16
2017年12月北京第1次印刷 印张5¾
定价:28.00元